ZIGUE-ZAGUE
Caligrafia

1

ENSINO FUNDAMENTAL

editora scipione

Direção Presidência: Mario Ghio Júnior
Direção de Conteúdo e Operações: Wilson Troque
Direção editorial: Luiz Tonolli e Lidiane Vivaldini Olo
Gestão de projeto editorial: Tatiany Renó
Edição: Juliana Ribeiro Oliveira Alves
Planejamento e controle de produção: Patrícia Eiras e Adjane Queiroz
Revisão: Hélia de Jesus Gonsaga (ger.), Kátia Scaff Marques (coord.), Rosângela Muricy (coord.), Ana Paula C. Malfa, Gabriela M. Andrade, Luiz Gustavo Bazana, Maura Loria, Patrícia Travanca; Amanda T. Silva e Bárbara de M. Genereze (estagiárias)
Edição de arte: Erika Tiemi Yamauchi (coord.), Karen Midori Fukunaga (edição de arte)
Diagramação: Karen Midori Fukunaga
Iconografia e tratamento de imagem: Sílvio Kligin (superv.), Claudia Bertolazzi (coord.), Fernanda Gomes (pesquisa iconográfica), Cesar Wolf e Fernanda Crevin (tratamento)
Licenciamento de conteúdos de terceiros: Thiago Fontana (coord.), Liliane Rodrigues (licenciamento de textos), Erika Ramires, Luciana Pedrosa Bierbauer, Luciana Cardoso e Claudia Rodrigues (analistas adm.)
Ilustrações: Mary, Kimio e Ilustra Cartoon
Design: Gláucia Correa Koller (ger.), Erik Taketa (proj. gráfico) e Talita Guedes (capa)
Ilustrações de capa: Kittikiti/Shutterstock

Todos os direitos reservados por Editora Scipione S.A.
Avenida das Nações Unidas, 7221, 1º andar, Setor D
Pinheiros – São Paulo – SP – CEP 05425-902
Tel.: 4003-3061
www.scipione.com.br / atendimento@scipione.com.br

Dados Internacionais de Catalogação na Publicação (CIP)

```
Zigue-zague caligrafia 1º ano / obra coletiva. - 3. ed. -
   São Paulo : Scipione, 2019.

   Bibliografia.
   ISBN: 978-85-474-0200-6 (aluno)
   ISBN: 978-85-474-0201-3 (professor)

   1.    Caligrafia (Ensino fundamental).

2019-0074                              CDD: 372.634
```

Julia do Nascimento - Bibliotecária - CRB - 8/010142

2023
Código da obra CL 742232
CAE 648173 (AL) / 654561 (PR)
3ª edição
4ª impressão

Impressão e acabamento EGB Editora Gráfica Bernardi Ltda

Uma publicação SOMOS EDUCAÇÃO

APRESENTAÇÃO

NESTA COLEÇÃO, APRESENTAMOS ATIVIDADES AGRADÁVEIS E BEM VARIADAS PARA VOCÊ DOMINAR OS MOVIMENTOS NECESSÁRIOS NO TRAÇADO DO ALFABETO E DOS NUMERAIS E DESENVOLVER SUA COORDENAÇÃO.

PARA INCENTIVAR A CALIGRAFIA, ESCOLHEMOS DIVERSOS TIPOS DE TEXTO ENCONTRADOS NO DIA A DIA: POESIAS, QUADRINHAS, CANÇÕES, PARLENDAS, CANTIGAS DE RODA, INFORMAÇÕES PUBLICADAS EM JORNAIS E PALAVRAS EM DICIONÁRIOS. TAMBÉM INCLUÍMOS BRINCADEIRAS, COMO CRUZADINHAS, DIAGRAMAS, CARTAS ENIGMÁTICAS, ADIVINHAS, LIGA-PONTOS.

ESPERAMOS QUE VOCÊ GOSTE E SE DIVIRTA BASTANTE!

OS AUTORES

Os textos sem referência são autorais.

SUMÁRIO

ALFABETO ···· **4**

BRINCANDO COM AS PALAVRAS ···· **10**
A ···· 11
B ···· 12
C ···· 14
D ···· 16
E ···· 18

BRINCANDO COM AS PALAVRAS ···· **19**
F ···· 20
G ···· 22
H ···· 24
I ···· 26

BRINCANDO COM AS PALAVRAS ···· **27**
J ···· 28
K ···· 30

BRINCANDO COM AS PALAVRAS ···· **31**
L ···· 32
M ···· 34
N ···· 36
O ···· 38

BRINCANDO COM AS PALAVRAS ···· **39**
P ···· 40
Q ···· 42
R ···· 44
S ···· 46
T ···· 48
U ···· 50

BRINCANDO COM AS PALAVRAS ···· **51**
V ···· 52
W ···· 54

BRINCANDO COM AS PALAVRAS ···· **55**
X ···· 56
Y ···· 58

BRINCANDO COM AS PALAVRAS ···· **59**
Z ···· 60

NUMERAIS ···· **62**

BRINCANDO COM AS PALAVRAS ···· **63**

BIBLIOGRAFIA ···· **64**

ALFABETO

O ALFABETO SÃO AS LETRAS QUE USAMOS PARA REPRESENTAR AS PALAVRAS E NOS COMUNICARMOS POR ESCRITO.

NA LÍNGUA PORTUGUESA, O ALFABETO TEM **26 LETRAS**, QUE PODEM SER ESCRITAS EM **MAIÚSCULO** E **MINÚSCULO**.

O ALFABETO TAMBÉM PODE SER **DE IMPRENSA** OU **MANUSCRITO**.

ALFABETO DE IMPRENSA – É A FORMA USADA EM LIVROS, REVISTAS, JORNAIS, EMBALAGENS, PLACAS DE RUA E CARTAZES, POR EXEMPLO.

ALFABETO DE IMPRENSA MAIÚSCULO

A B C D E F G H I J K L M
N O P Q R S T U V W X Y Z

ALFABETO DE IMPRENSA MINÚSCULO

a b c d e f g h i j k l m
n o p q r s t u v w x y z

ALFABETO MANUSCRITO – É A FORMA USADA QUANDO ESCREVEMOS À MÃO CARTAS, BILHETES, RECADOS OU FAZEMOS ANOTAÇÕES, POR EXEMPLO.

ALFABETO MANUSCRITO MAIÚSCULO

A B C D E F G H I
J K L M N O P Q R
S T U V W X Y Z

ALFABETO MANUSCRITO MINÚSCULO

a b c d e f g h i
j k l m n o p q r
s t u v w x y z

🌙 **SIGA A ORIENTAÇÃO DAS SETAS E CUBRA AS LETRAS.**

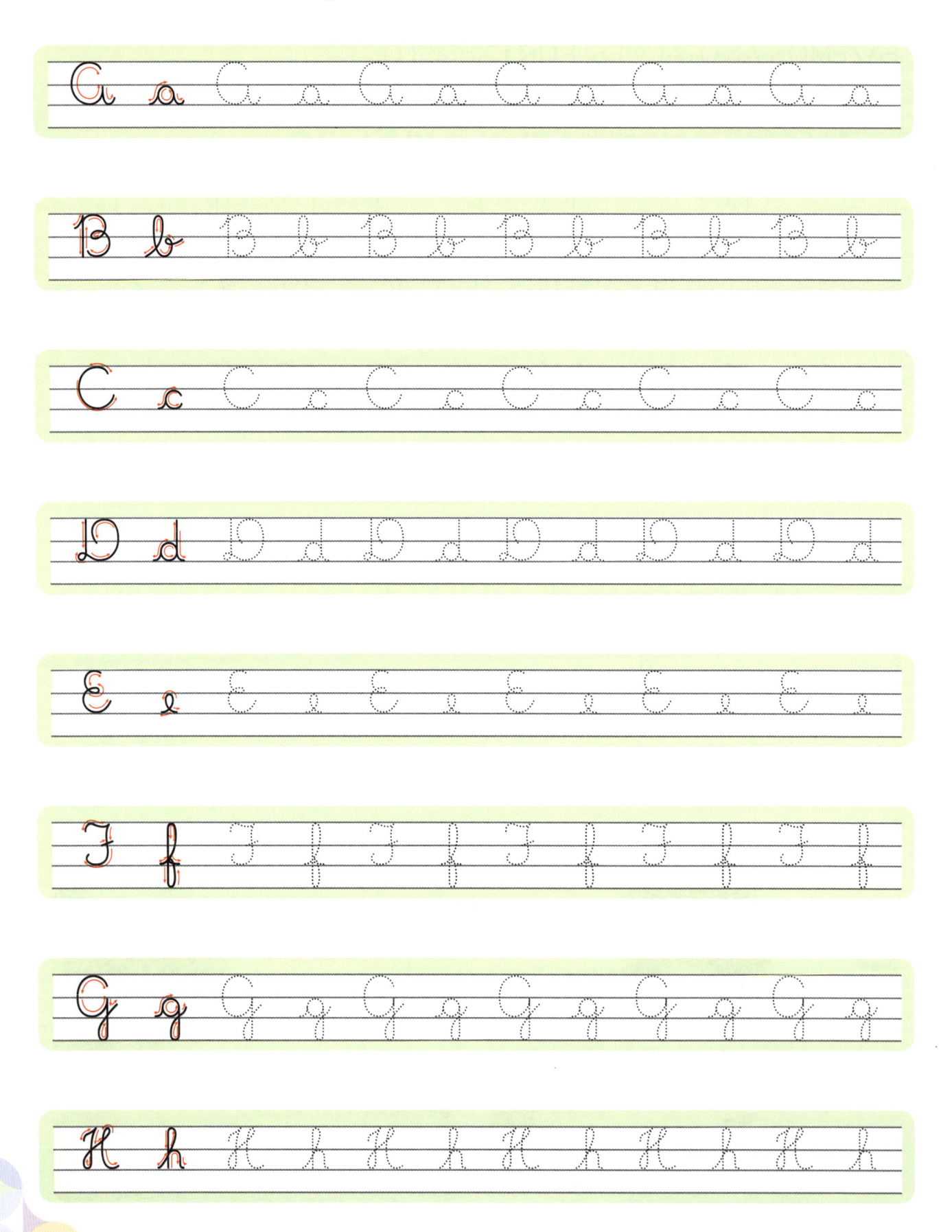

Aa Aa Aa Aa Aa Aa Aa

Bb Bb Bb Bb Bb Bb Bb

Cc Cc Cc Cc Cc Cc Cc

Dd Dd Dd Dd Dd Dd Dd

Ee Ee Ee Ee Ee Ee Ee

Ff Ff Ff Ff Ff Ff Ff

Gg Gg Gg Gg Gg Gg Gg

Hh Hh Hh Hh Hh Hh Hh

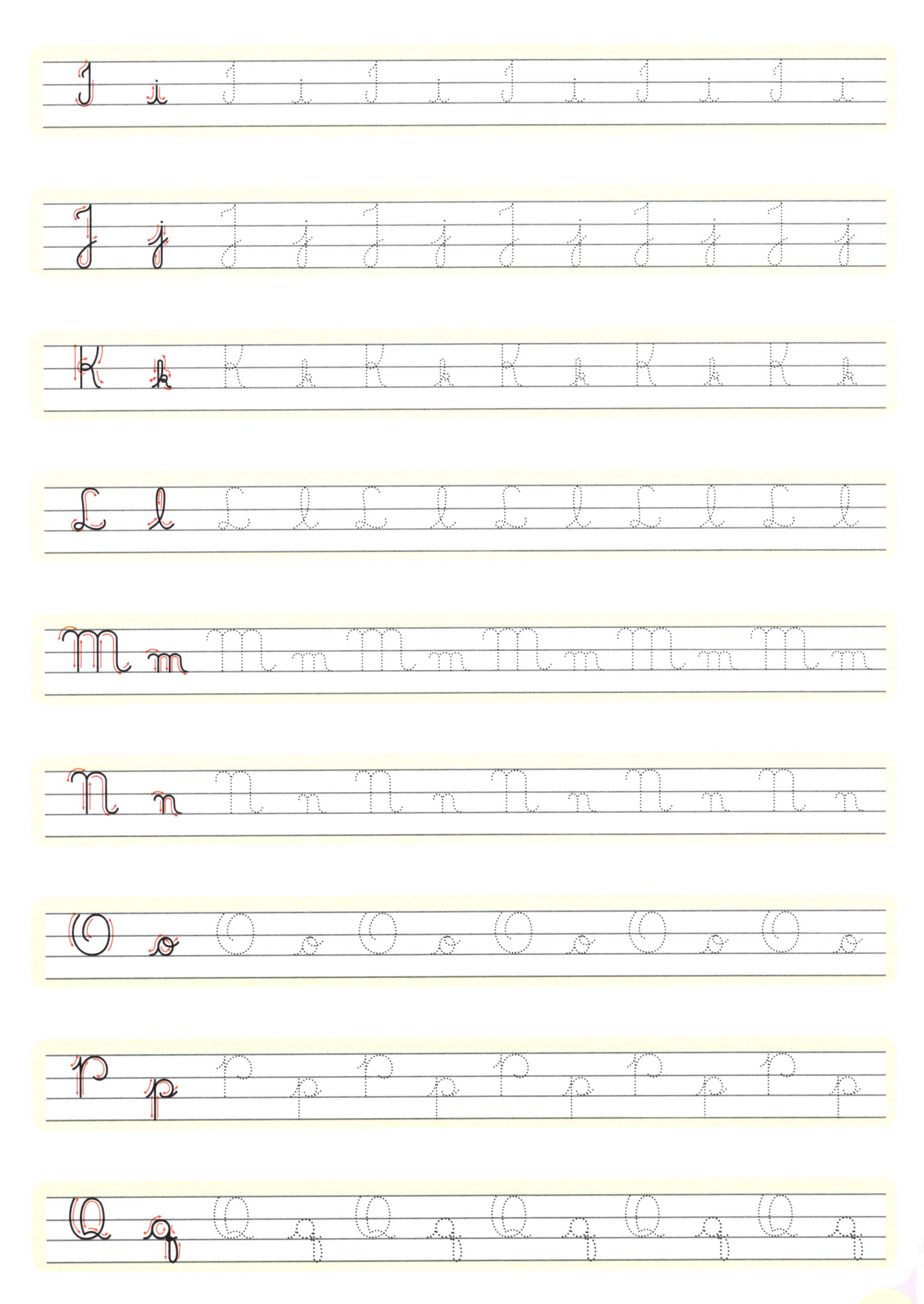

Ii Ii Ii Ii Ii Ii Ii Ii

Jj Jj Jj Jj Jj Jj Jj Jj

Kk Kk Kk Kk Kk Kk Kk Kk

Ll Ll Ll Ll Ll Ll Ll Ll

Mm Mm Mm Mm Mm Mm Mm Mm

Nn Nn Nn Nn Nn Nn Nn Nn

Oo Oo Oo Oo Oo Oo Oo Oo

Pp Pp Pp Pp Pp Pp Pp Pp

Qq Qq Qq Qq Qq Qq Qq Qq

Rr Ss Tt Uu Vv Ww Xx Yy Zz

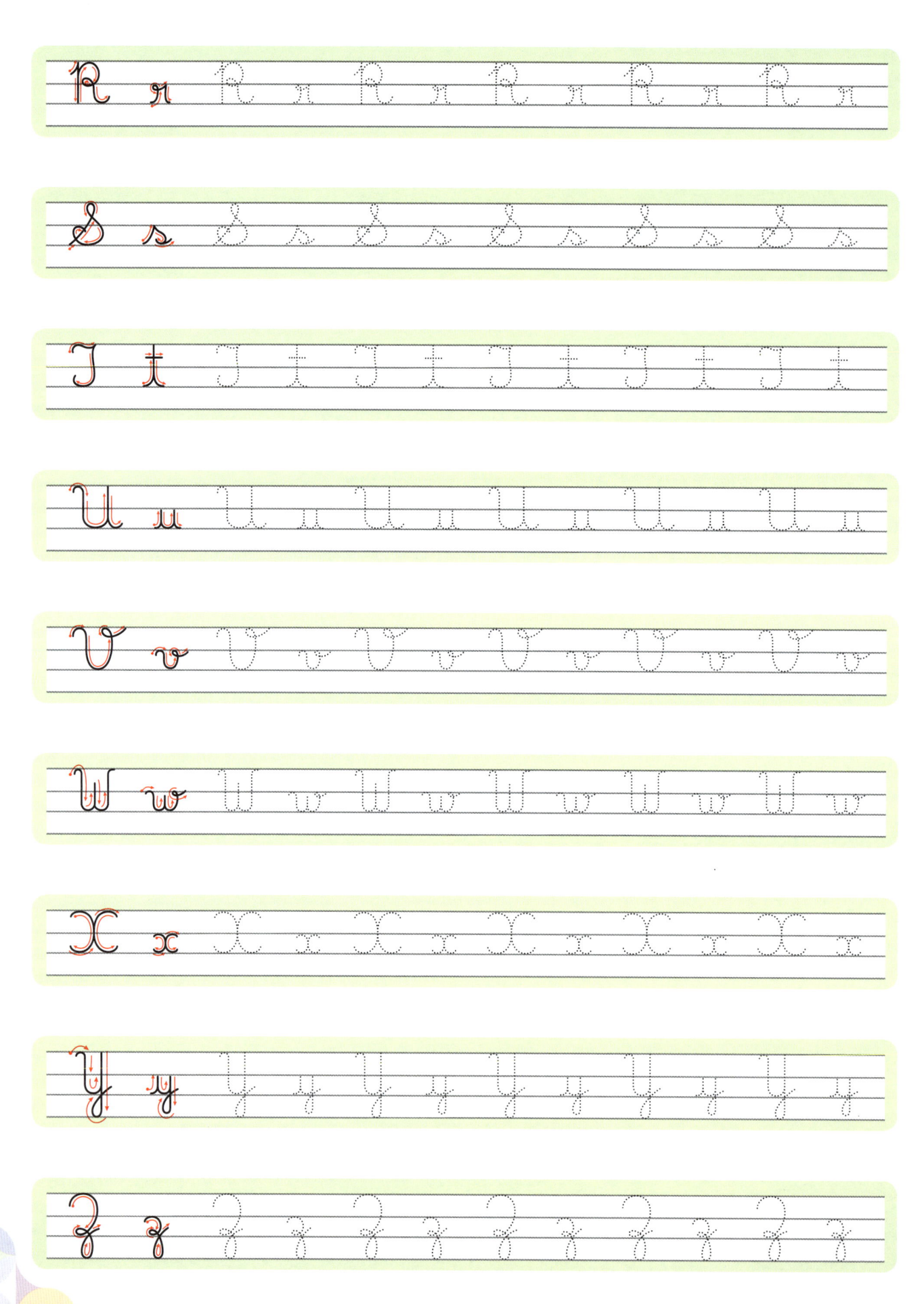

COPIE O ALFABETO, BEM CAPRICHADO.

a b c d e f g h i

j k l m n o p q r

s t u v w x y z

A B C D E F G H I

J K L M N O P Q R

S T U V W X Y Z

BRINCANDO COM AS PALAVRAS

▶ QUE BICHINHO É ESTE?
PARA DESCOBRIR, LIGUE OS PONTOS EM ORDEM ALFABÉTICA.

▶ ESCREVA O NOME DO BICHINHO QUE VOCÊ ENCONTROU.

A ABELHINHA LABORIOSA VOAVA BAIXO EM UM JARDIM CHEIO DE ORQUÍDEA, VIOLETA, ROSA, MARGARIDA E JASMIM!

CUBRA E COPIE.

Aline

arara

𝑏
𝐵

● **CUBRA E COPIE.**

𝑏 𝑏 𝑏 𝑏 𝑏 𝑏 𝑏 𝑏 𝑏 𝑏 𝑏 𝑏 𝑏 𝑏 𝑏

𝑏

𝐵 𝐵 𝐵 𝐵 𝐵 𝐵 𝐵 𝐵 𝐵 𝐵 𝐵 𝐵 𝐵 𝐵 𝐵

𝐵

ba ba | Ba Ba

be be | Be Be

bi bi | Bi Bi

AS BORBOLETAS BRINCAM NO JARDIM ENTRE AS FLORES.

VOAM, REVOAM AS BORBOLETAS BRANCAS, VERMELHAS, AMARELAS, AZUIS E PRETAS.

bo bo   *Bo Bo*

bu bu   *Bu Bu*

boneca   *borboleta*

Bebel   *batata*

As borboletas voam entre as flores.

CUBRA E COPIE.

QUE CARA ESQUISITA
TEM A CARAMBOLA!
QUE JEITO ESTRANHO
TEM A CARAMBOLA!
PARECE QUE DIZ:
— NÃO ME AMOLA!

PARECE FRUTA DE PLÁSTICO
OU FEITA DE CERA.
TOCO E CHEIRO A CARAMBOLA
E ELA NEM ME DÁ BOLA!

[...]

CARAMBA, COMO É BOM
O SUCO DE CARAMBOLA!

ELIAS JOSÉ

c c

ci ci

C C

C C

camisa

Cecília

Caio

copo

Como é bom o suco de carambola!

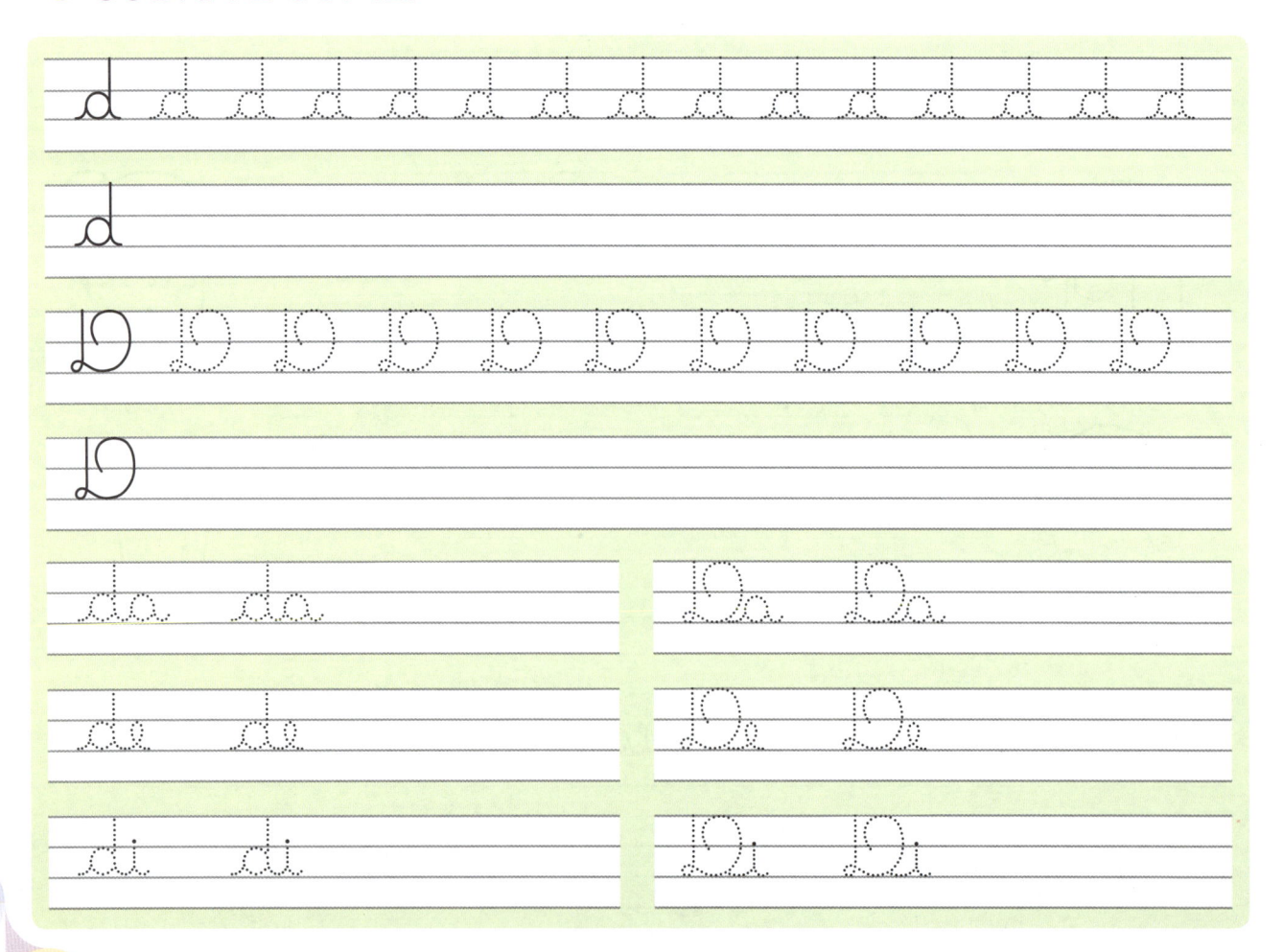

d

D

● CUBRA E COPIE.

16

DROMEDÁRIO E CAMELO NÃO SÃO IGUAIS.
APESAR DE OS DOIS TEREM CORCOVAS,
NO DROMEDÁRIO UMA DELAS É TÃO PEQUENA
QUE QUASE NÃO APARECE. POR ISSO, PARA
FICAR MAIS FÁCIL A DIFERENCIAÇÃO,
DIZ-SE QUE O DROMEDÁRIO TEM UMA
CORCOVA E O CAMELO, DUAS. VOCÊ SABIA?

MARCELO DUARTE

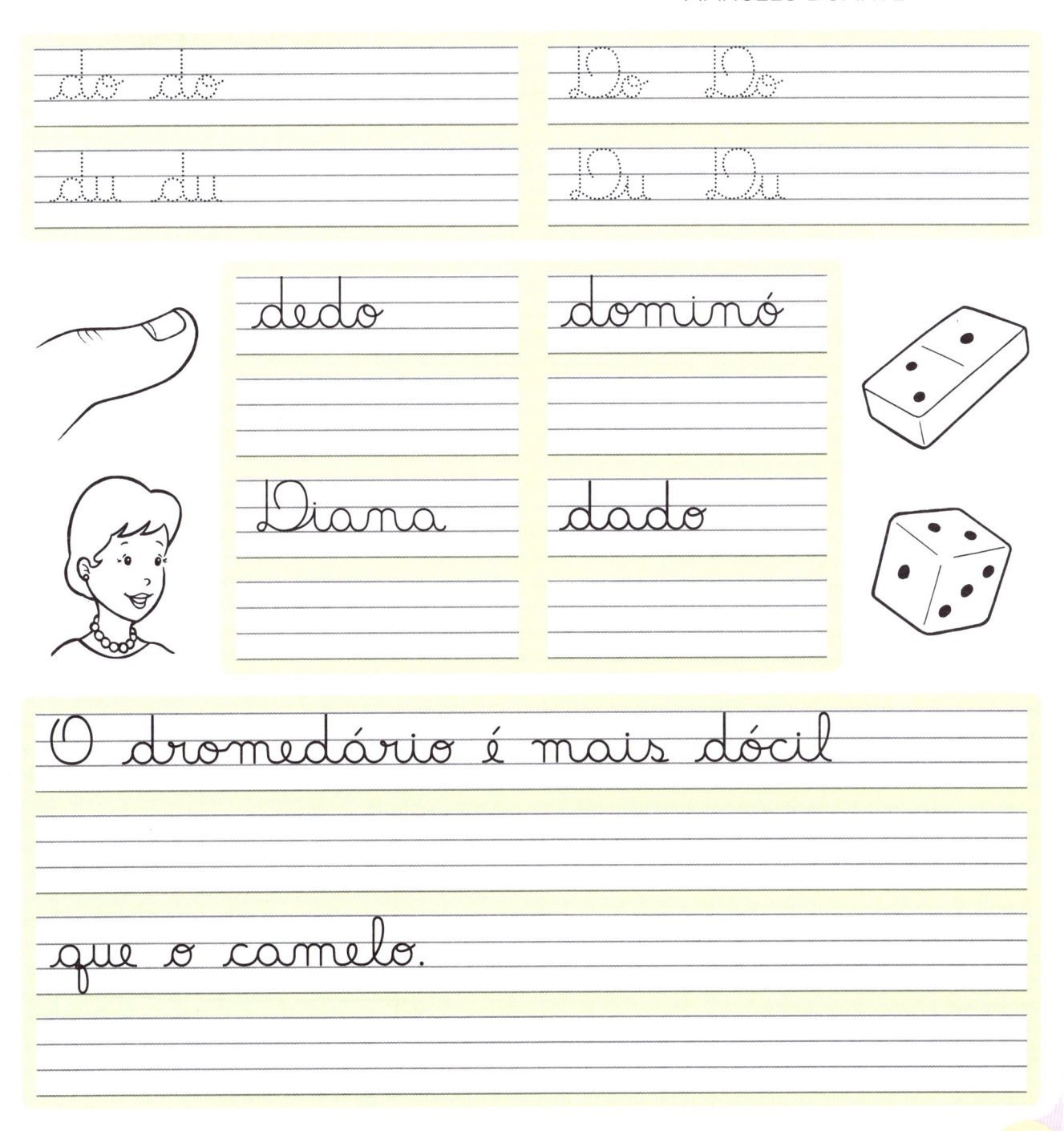

de de   *De De*

du du   *Du Du*

dedo   dominó

Diana   dado

O dromedário é mais dócil

que o camelo.

17

SE ACHA PERIGOSO
UM ELEFANTE NO NARIZ,
PENSE BEM:

MUITO PIOR
QUANDO ELE PERDE O
EQUILÍBRIO
E SOLTA UM PUM.

SÉRGIO CAPPARELLI

● CUBRA E COPIE.

ℓ ℓ ℓ ℓ ℓ ℓ ℓ ℓ ℓ ℓ ℓ ℓ ℓ ℓ ℓ ℓ ℓ ℓ

ℓ

E E E E E E E E E E E E E

E

Elói   *escola*

BRINCANDO COM AS PALAVRAS

◗ LEIA O POEMA PRESTANDO ATENÇÃO NAS PALAVRAS DESTACADAS.

CETIM

EU TENHO UM GATINHO
CHAMADO **CETIM**.
É **ALEGRE** E MANSINHO
E GOSTA DE MIM.

BEM **CEDO**, NA **CAMA**,
VAI ELE: "MIAU!"
E TANTO ME CHAMA
QUE ATÉ FICA MAU.

[...]

MAS ELE É MANSINHO,
FERIR-ME NÃO VAI.
SE EU FOSSE UM RATINHO,
ENTÃO AI, AI, AI.

[...]

MAS NUNCA MERECE
CASTIGO, ISSO NÃO.
CETIM ME OBEDECE
DE BOM **CORAÇÃO**.

ZALINA ROLIM

◗ ENCONTRE NO DIAGRAMA AS PALAVRAS DESTACADAS NO POEMA.

X	B	P	C	E	T	I	M	S	V
Y	U	T	S	I	R	C	E	D	O
A	S	R	A	L	E	G	R	E	B
D	C	A	M	A	G	T	Y	K	N
E	R	C	O	R	A	Ç	Ã	O	T
C	A	S	T	I	G	O	M	Y	R

◗ AGORA, ESCREVA O NOME DO GATINHO.

_____

19

CUBRA E COPIE.

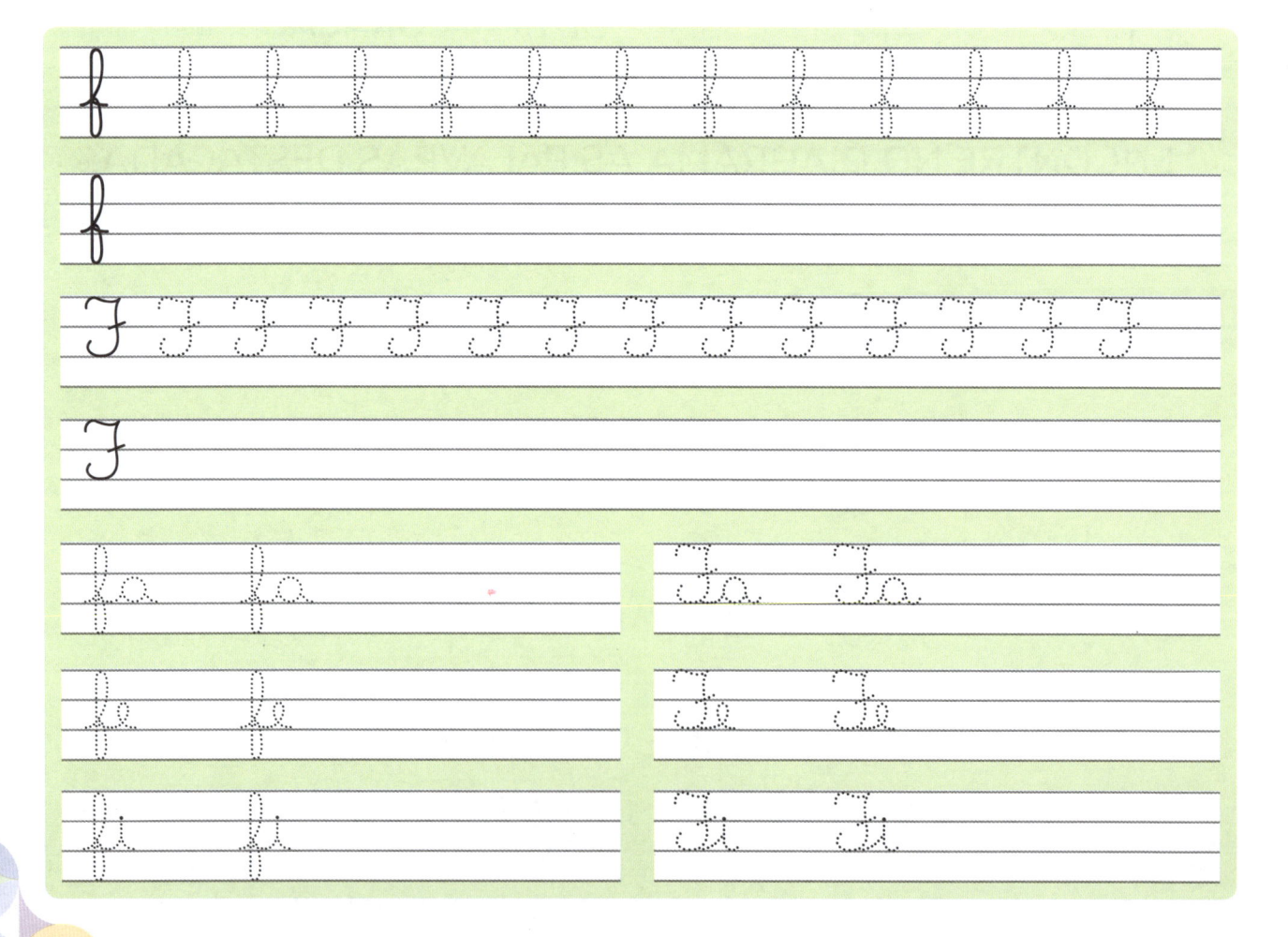

20

A FOCA É UM BICHO DO MAR,
GOSTA DE SARDINHA, NADAR E BRINCAR.

POR SER MUITO MANSA, A FOCA CORRE PERIGO:
ALÉM DO TUBARÃO,
O SER HUMANO TAMBÉM É INIMIGO.

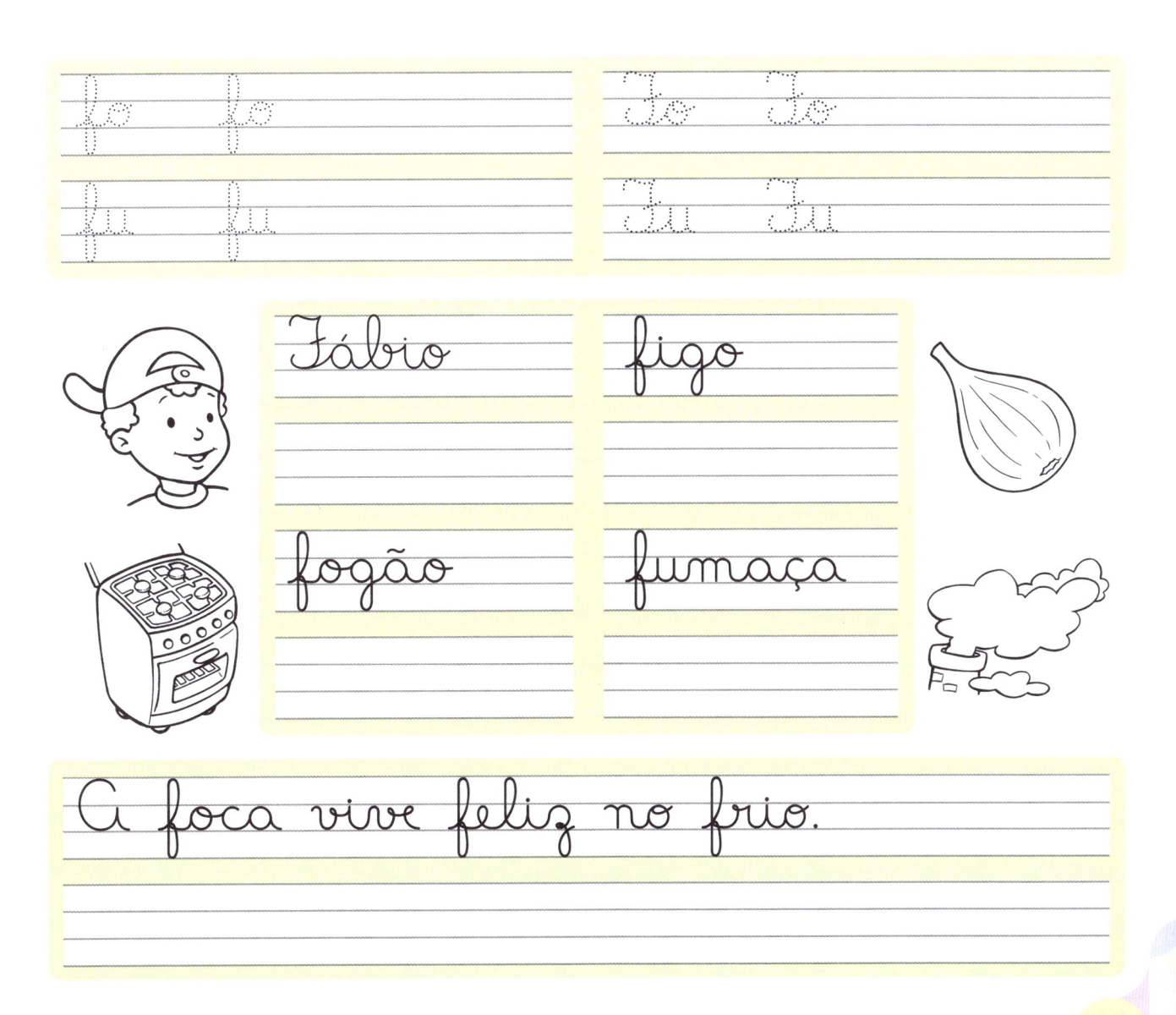

fo fo   *Fo Fo*

fu fu   *Fu Fu*

Fábio   *figo*

fogão   *fumaça*

A foca vive feliz no frio.

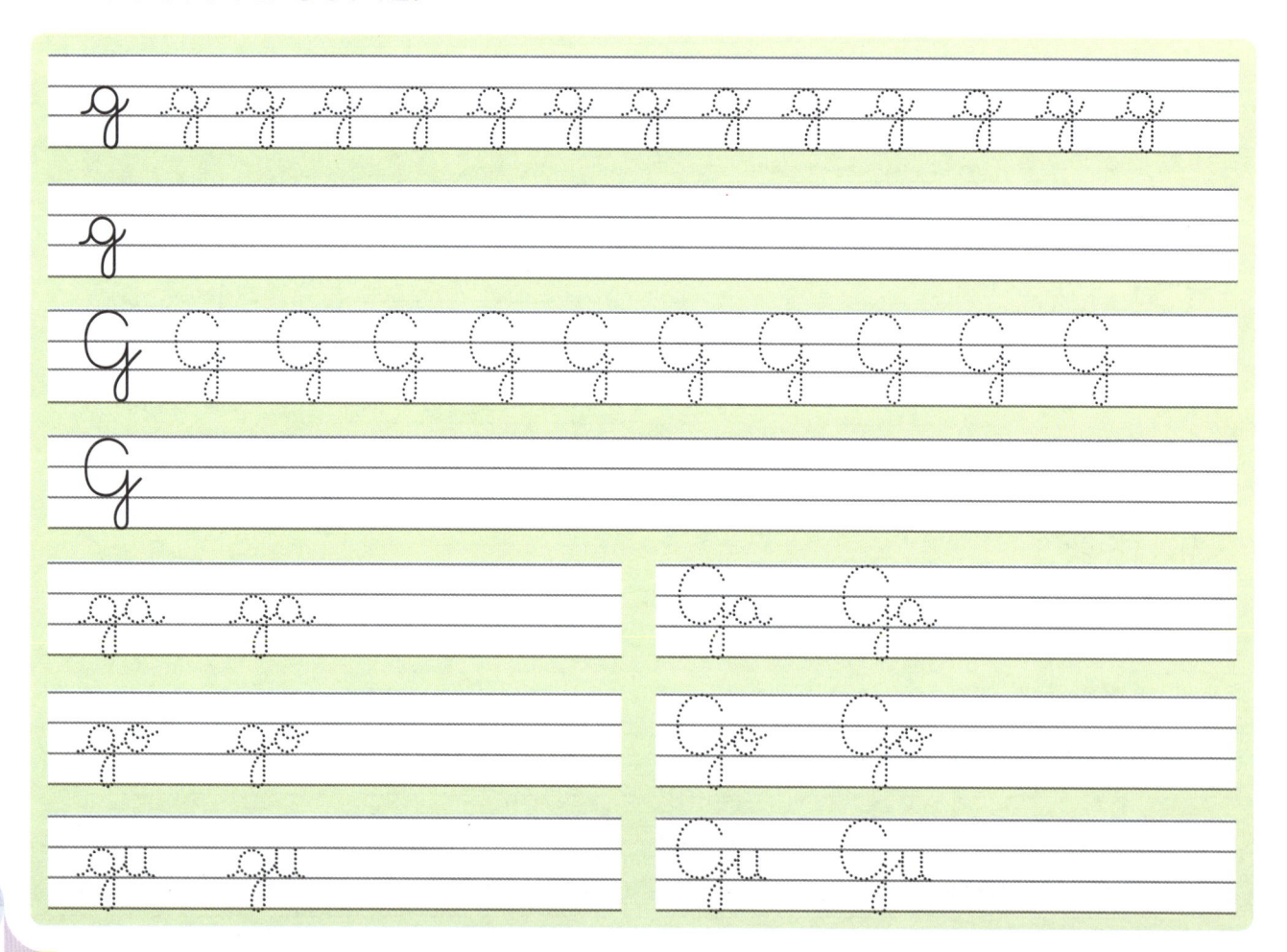

🔵 **CUBRA E COPIE.**

ERA UMA VEZ
UM GATO XADREZ.

CAIU DA JANELA
E FOI SÓ UMA VEZ.

[...]

ERA UMA VEZ
UM GATO AMARELO.

ESQUECEU DE COMER
E FICOU MEIO MAGRELO.

[...]

BIA VILLELA

gato

gelo

goiaba

Geni

O gato se escondeu na gaveta de Geraldo.

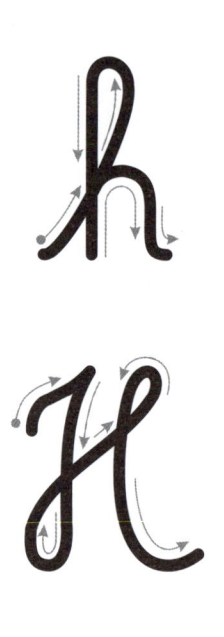

CUBRA E COPIE.

ha ha	Ha Ha
he he	He He
hi hi	Hi Hi

UM HIPOPÓTAMO NA BANHEIRA
MOLHA SEMPRE A CASA INTEIRA.
A ÁGUA CAI E SE ESPALHA
MOLHA O CHÃO E A TOALHA.

E O HIPOPÓTAMO: NEM LIGO
ESTOU LAVANDO O UMBIGO.
[...]

SÉRGIO CAPPARELLI

ho ho   Ho Ho

hu hu   Hu Hu

hospital   Helena

hora   hiena

Um hipopótamo molha

a casa inteira.

25

i J

POR SE TRATAR DE UMA ILHA
DERAM-LHE
O NOME DE ILHA DE
VERA CRUZ.
ILHA CHEIA DE GRAÇA
ILHA CHEIA DE PÁSSAROS
ILHA CHEIA DE LUZ
[...]

CASSIANO RICARDO

● CUBRA E COPIE.

Inês   ilha

BRINCANDO COM AS PALAVRAS

- NA FAZENDA DO VOVÔ, OS BICHOS RESOLVERAM SE ESCONDER.

  PROCURE OS ANIMAIS E PINTE-OS.

- O NOME DE UM DESSES ANIMAIS RIMA COM **CAVALO**. DESCUBRA QUAL É ESSE ANIMAL E CRIE UMA FRASE PARA ELE.

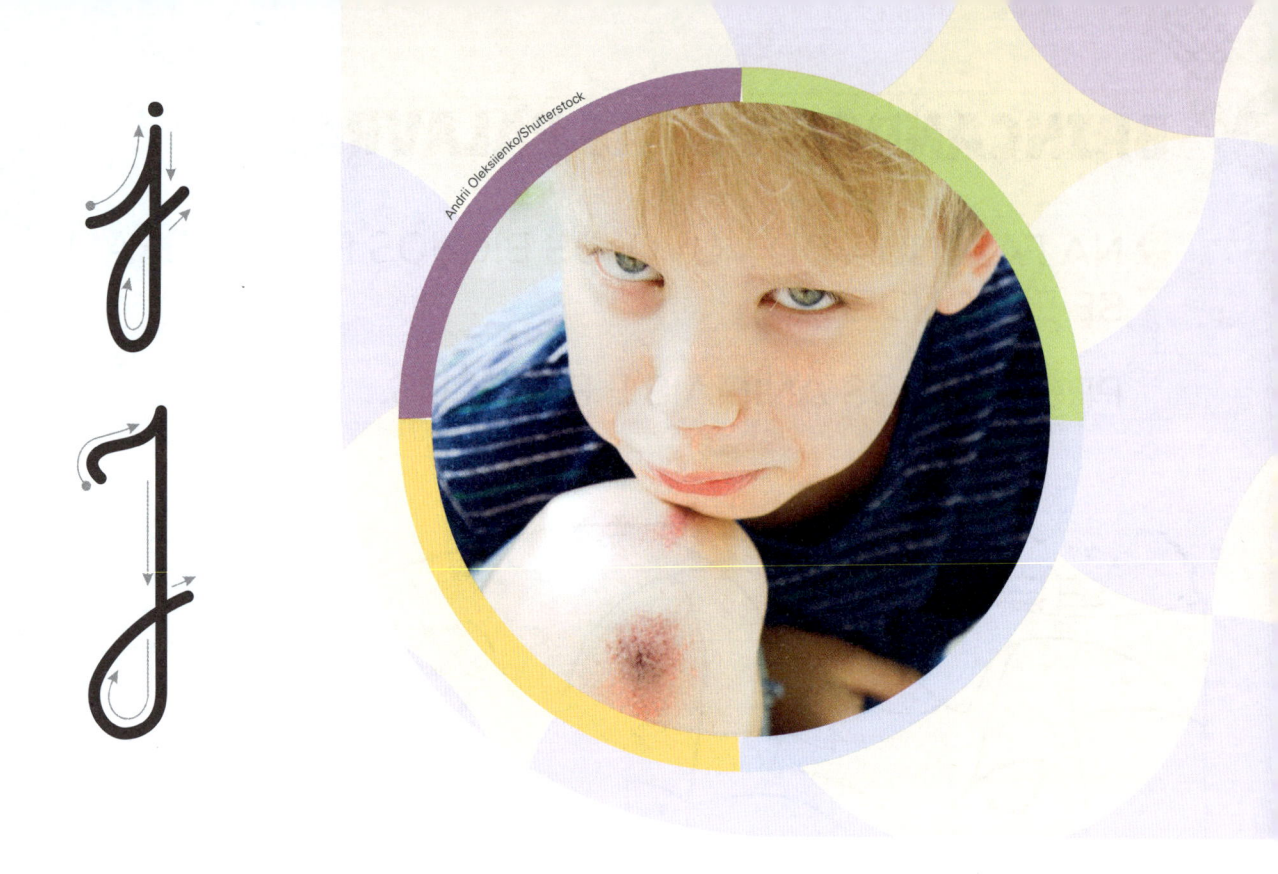

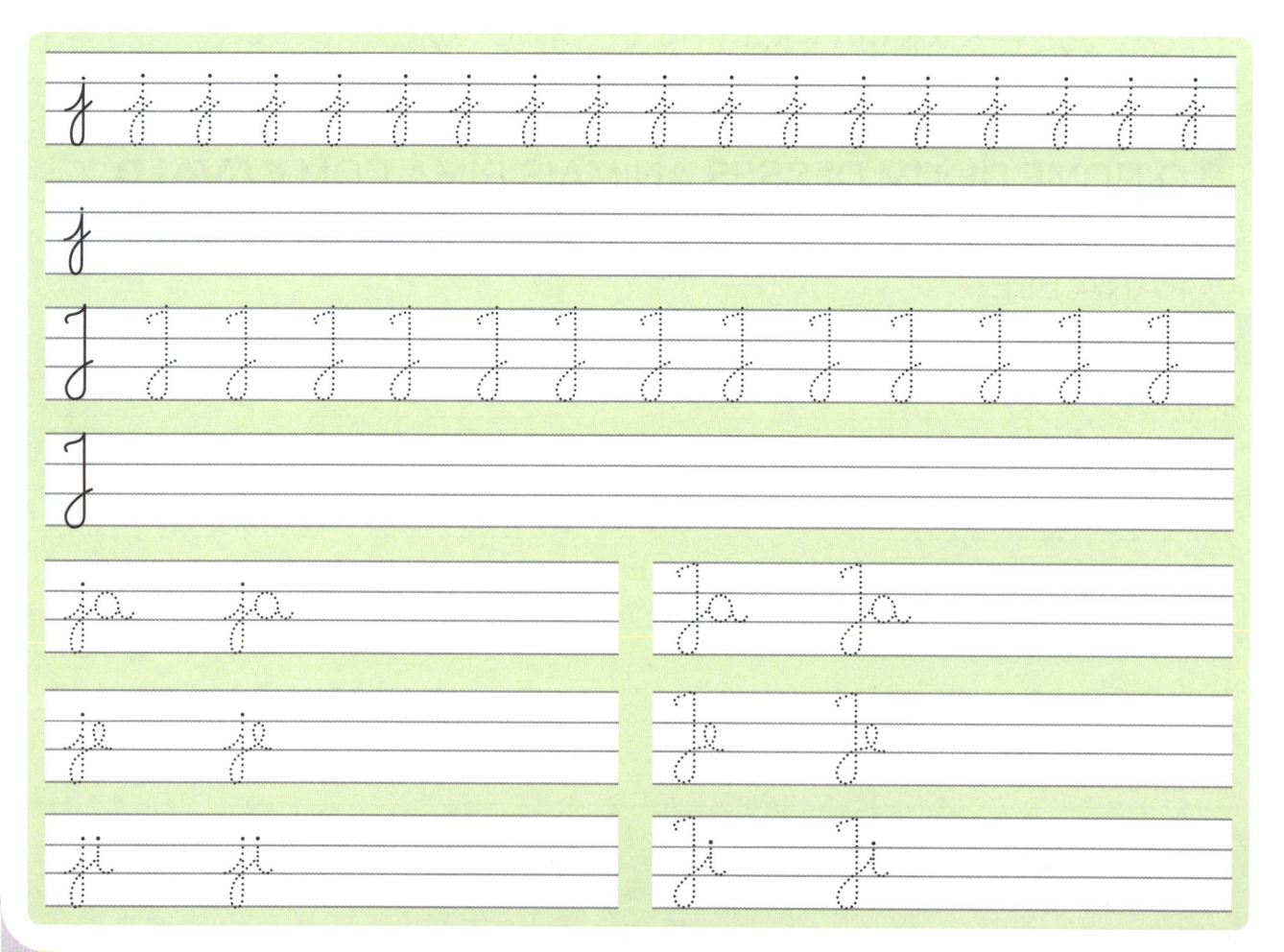

CUBRA E COPIE.

ja ja Ja Ja

je je Je Je

ji ji Ji Ji

MEUS JOELHOS,
POR QUE VIVEM TÃO VERMELHOS?
SERÁ PORQUE CORRO SEM PARAR,
PULO BURACOS, SALTO NO COLCHÃO
TODO DIA, TODA HORA
E ÀS VEZES CAIO NO CHÃO?
SERÁ?

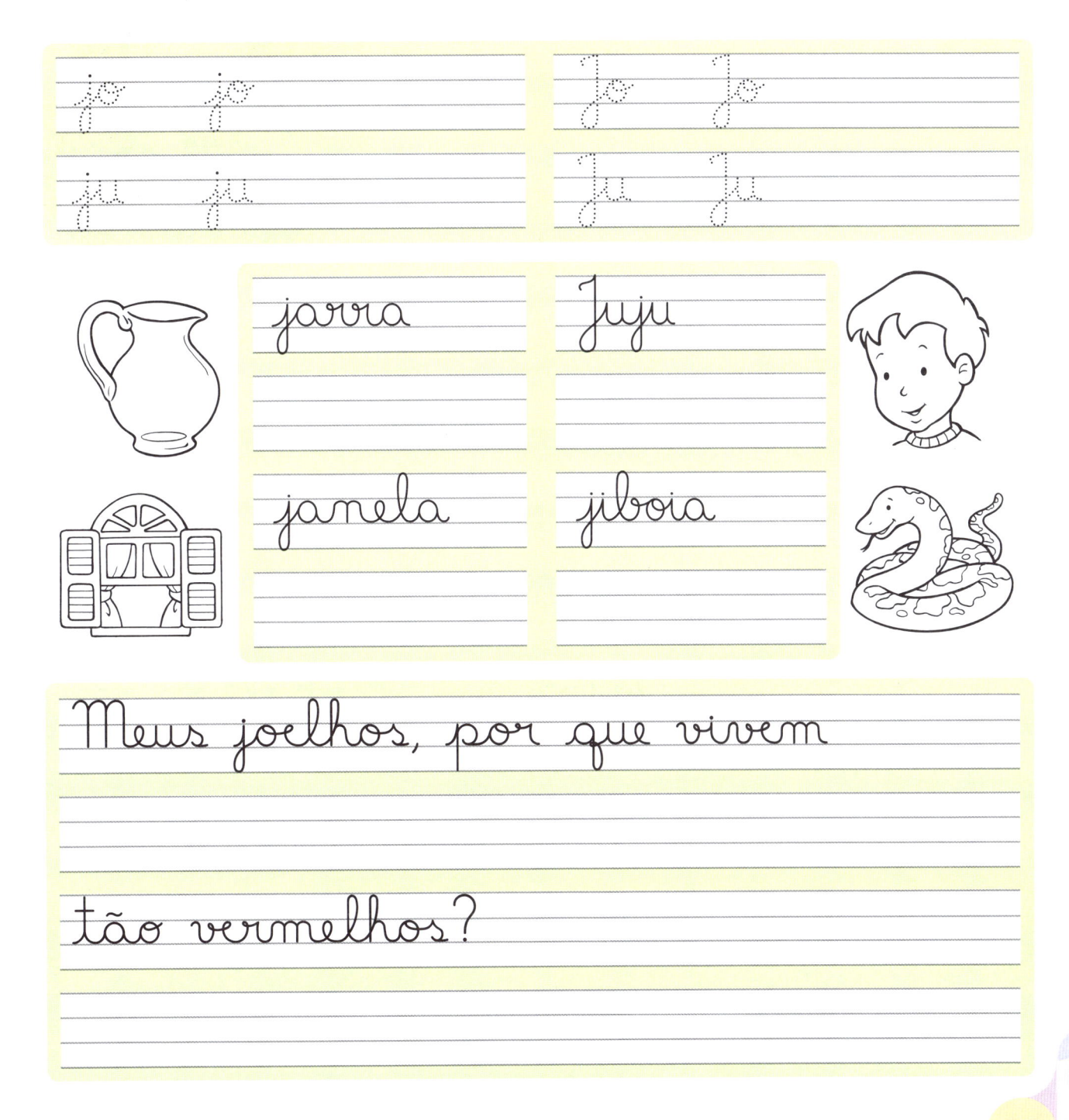

| jo jo | Jo Jo |
| ju ju | Ju Ju |

| jarra | Juju |
| janela | jiboia |

Meus joelhos, por que vivem

tão vermelhos?

29

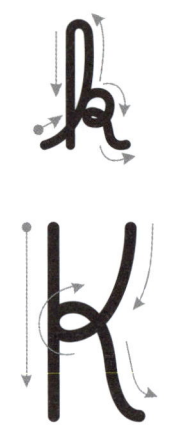

NOS MENINOS INDÍGENAS
O VERMELHO DO URUCUM
LEMBRA AS CORES DA TERRA.

[...]

JÁ ESTÁ TUDO PRONTO.
UMA POSE PARA A FOTO
E A FESTA GUARANI KAIOWÁ
VAI COMEÇAR!

- **CUBRA E COPIE.**

k k k

K K K

km   ketchup   Kelly

Viva a festa Guarani Kaiowá!

BRINCANDO COM AS PALAVRAS

▶ SIGA A COR DAS LINHAS E DESCUBRA AS PALAVRAS.

DEPOIS, PINTE COM A COR DE CADA PALAVRA O QUADRINHO DA IMAGEM CORRESPONDENTE.

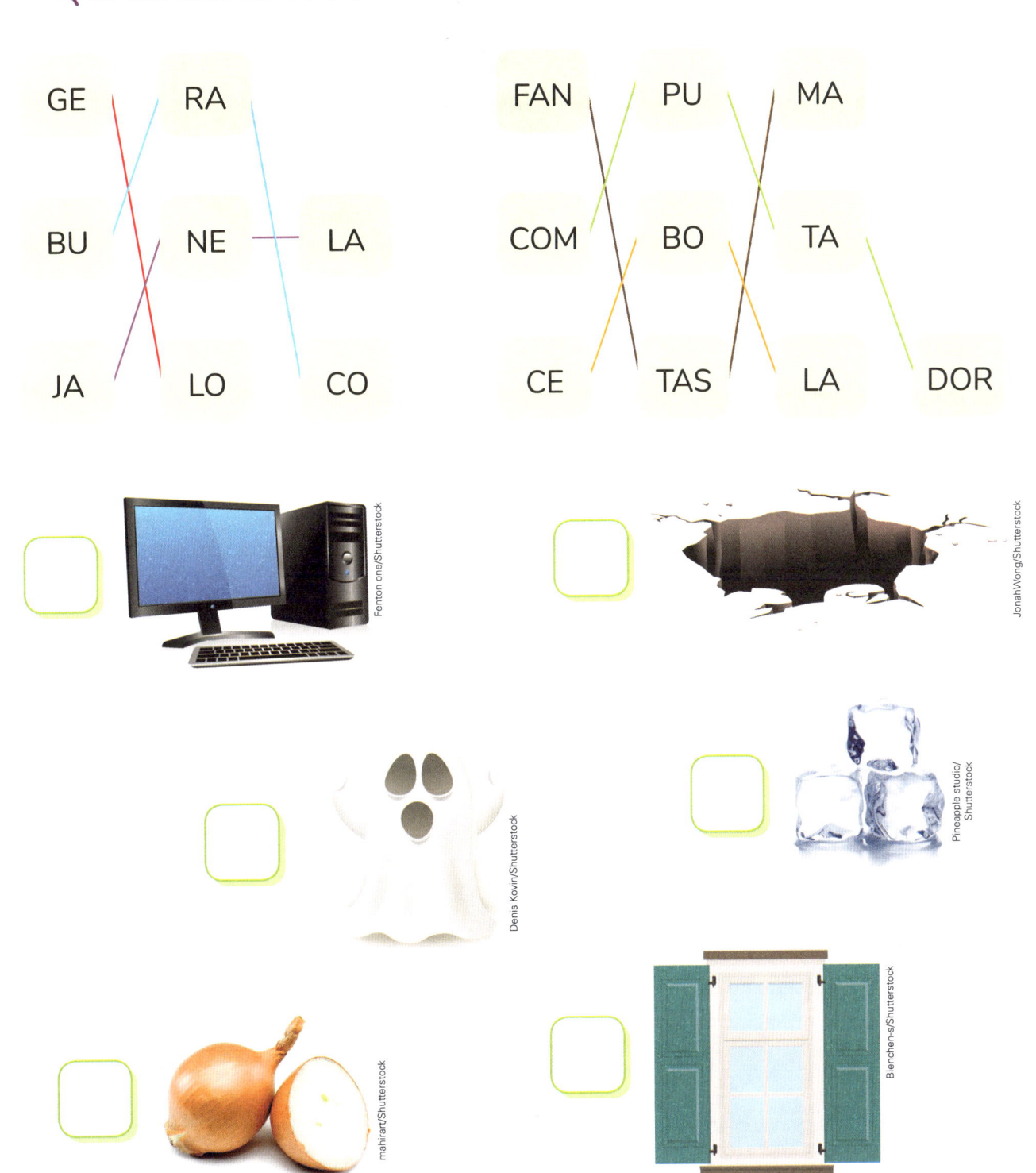

GE	RA		FAN	PU	MA
BU	NE	LA	COM	BO	TA
JA	LO	CO	CE	TAS	LA	DOR

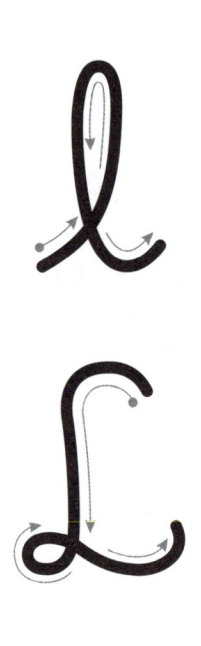

CUBRA E COPIE.

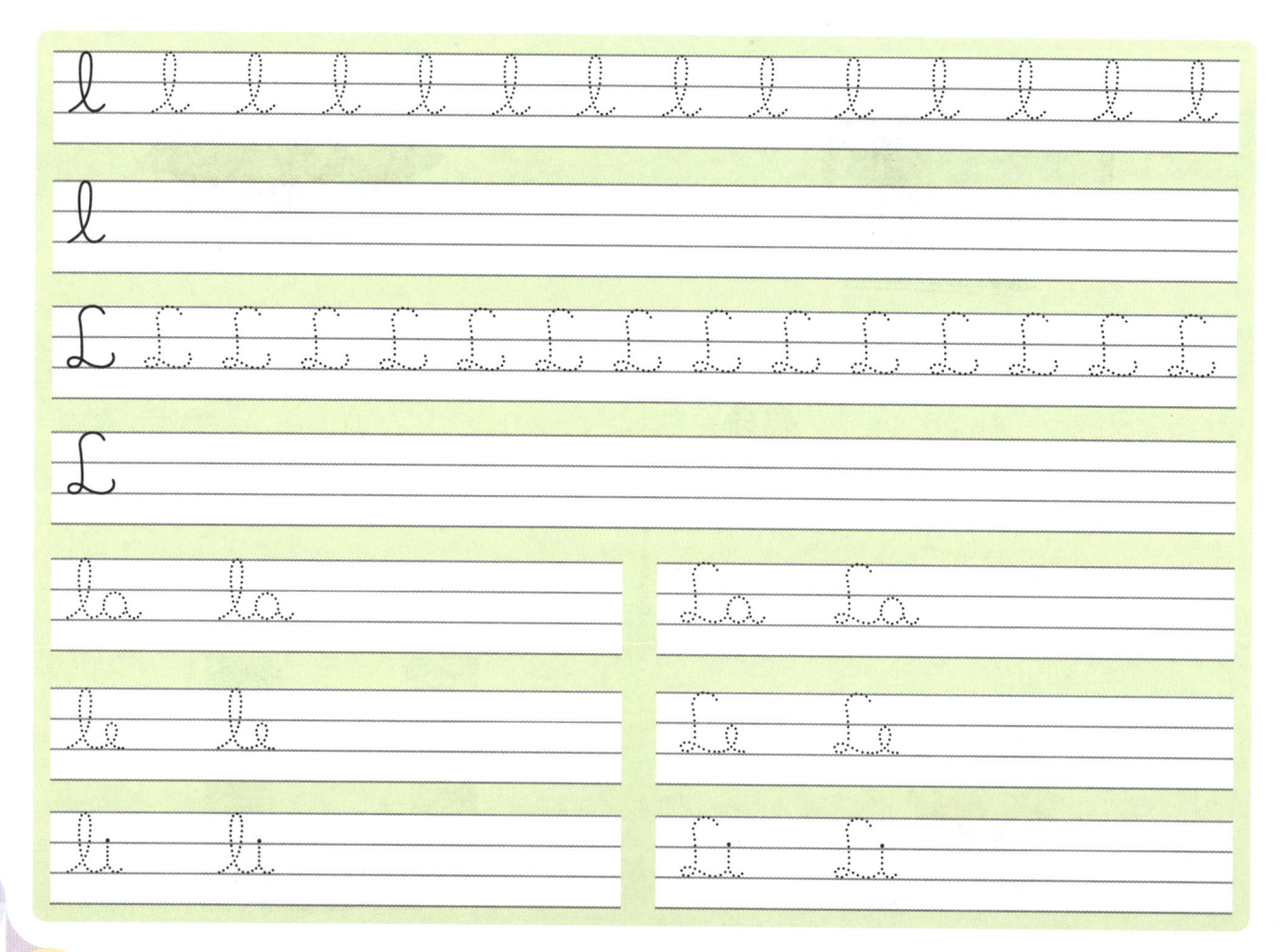

l l l l l l l l l l l l l l l l l

l

L L L L L L L L L L L L L L L L L

L

la la	La La
le le	Le Le
li li	Li Li

32

SEU LOBO, POR QUE ESSES OLHOS TÃO GRANDES?
PRA TE VER MELHOR, CHAPEUZINHO.

SEU LOBO, POR QUE ESSAS PERNAS TÃO GRANDES?
PRA CORRER ATRÁS DE TI, CHAPEUZINHO.

[...]

SEU LOBO, POR QUE ESSE NARIZ TÃO GRANDE?
PRA TE CHEIRAR, CHAPEUZINHO.

SEU LOBO, POR QUE ESSA BOCA TÃO GRANDE?
AH, DEIXA DE SER ENJOADA, CHAPEUZINHO!

SÉRGIO CAPPARELLI

lo lo   *Lo Lo*

lu lu   *Lu Lu*

lápis   *luva*

leite   *Laura*

Lá vem o Lobo Mau!

CUBRA E COPIE.

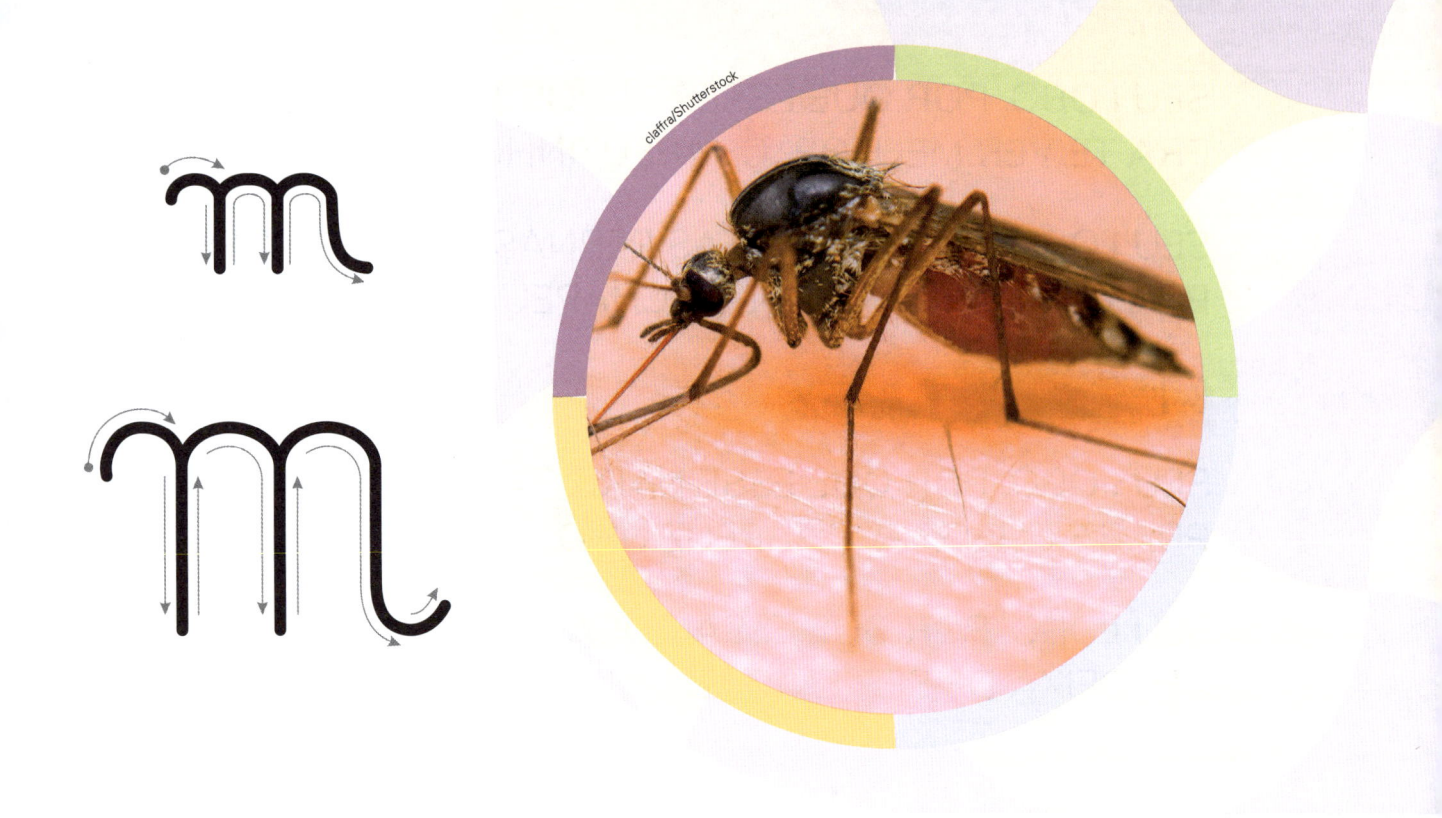

O MOSQUITO BENEDITO
NÃO PARAVA DE ZOAR.
PICOU A ORELHA DO VÔ,
PICOU O NARIZ DA VÓ.

DEPOIS DE UM VOO RASANTE,
POUSOU NA CARECA DO PAI.
AI!
LEVOU UM TAPÃO CERTEIRO
E CAIU MORTINHO NO CHÃO!

me me   Me Me

mu mu   Mu Mu

mesa   macaco

mola   Márcia

Cuidado! A picada do mosquito

pode causar doenças graves.

CUBRA E COPIE.

NUCA OU CANGOTE:
NÃO IMPORTA QUE NOME TEM
PODE VOCÊ SER BAIXOTE
PODE SER ALTO TAMBÉM
VOCÊ TEM A SUA NUCA
QUE FICA ATRÁS DO PESCOÇO
E SÓ OS OUTROS A VEEM.

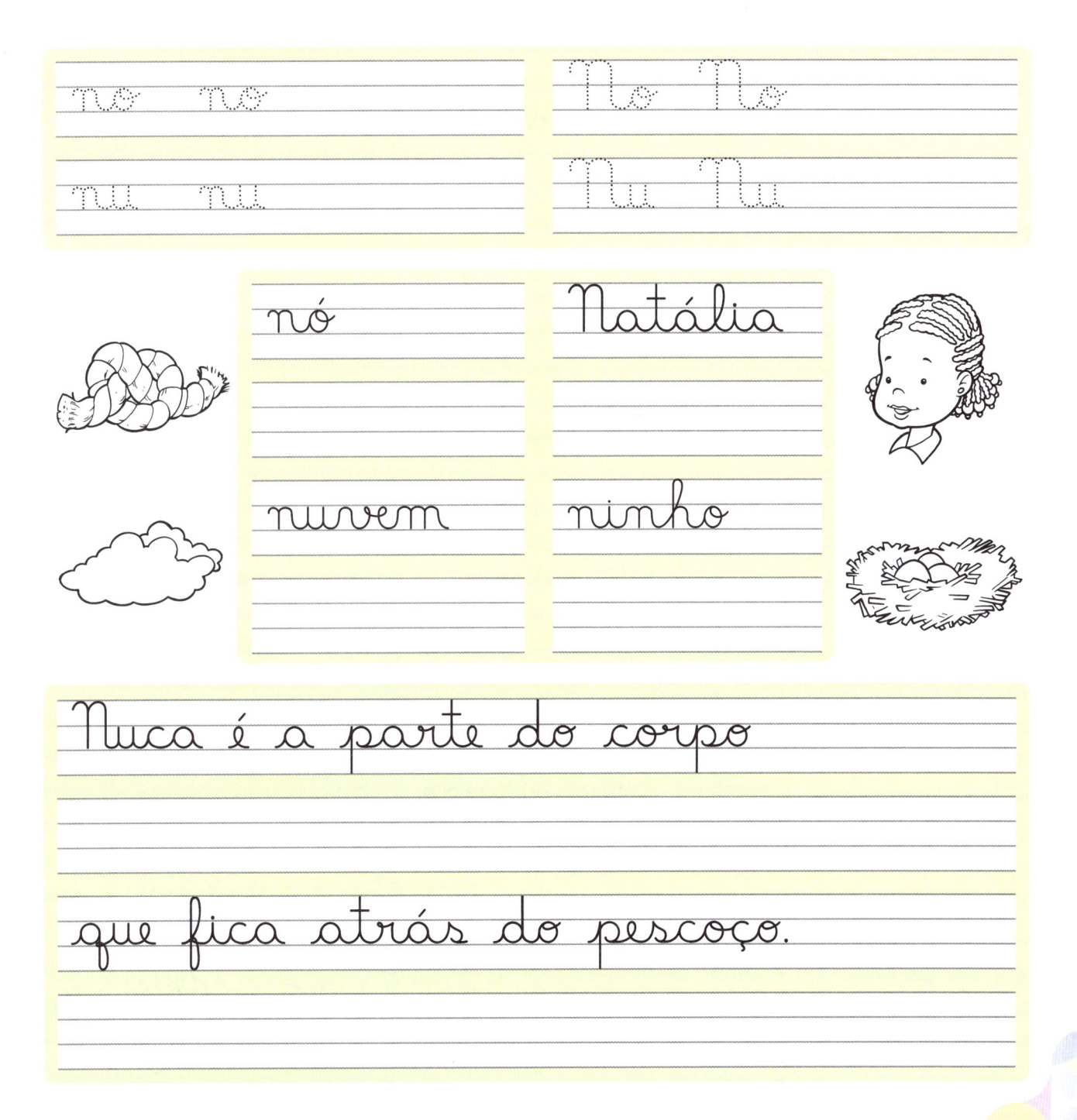

ne ne   Ne Ne
nu nu   Nu Nu

nó   Natália

nuvem   ninho

Nuca é a parte do corpo

que fica atrás do pescoço.

37

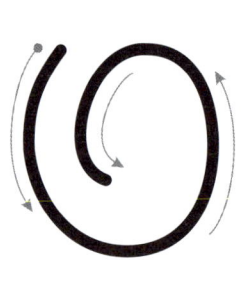

ONDA DO MAR VAI,
ONDA DO MAR VEM,
ONDA DO MAR TRAZ,
ONDA LEVA TAMBÉM.

ONDA DO MAR VAI,
ONDA DO MAR VEM.
EU OLHO PRO MAR E PENSO:
VAI ALÉM, VAI ALÉM!

CUBRA E COPIE.

onda   Olavo

BRINCANDO COM AS PALAVRAS

◗ QUE DELÍCIA! QUANTAS FRUTAS DIFERENTES! LIGUE CADA FATIA À FRUTA CORRESPONDENTE.

◗ QUAL DESSAS FRUTAS VOCÊ PREFERE? ESCREVA O NOME DELA.

39

CUBRA E COPIE.

40

VIVE NO JARDIM
O PINGUIM?
NÃO!
ELE VOA BEM ALTO?
TAMBÉM NÃO!

O PINGUIM É ASSIM:
ELE NADA...
... NO MAR.

pa pa
pu pu

Pa Pa
Pu Pu

pipa

pulga

Pedro

porco

O pinguim pode nadar longas distâncias!

● CUBRA E COPIE.

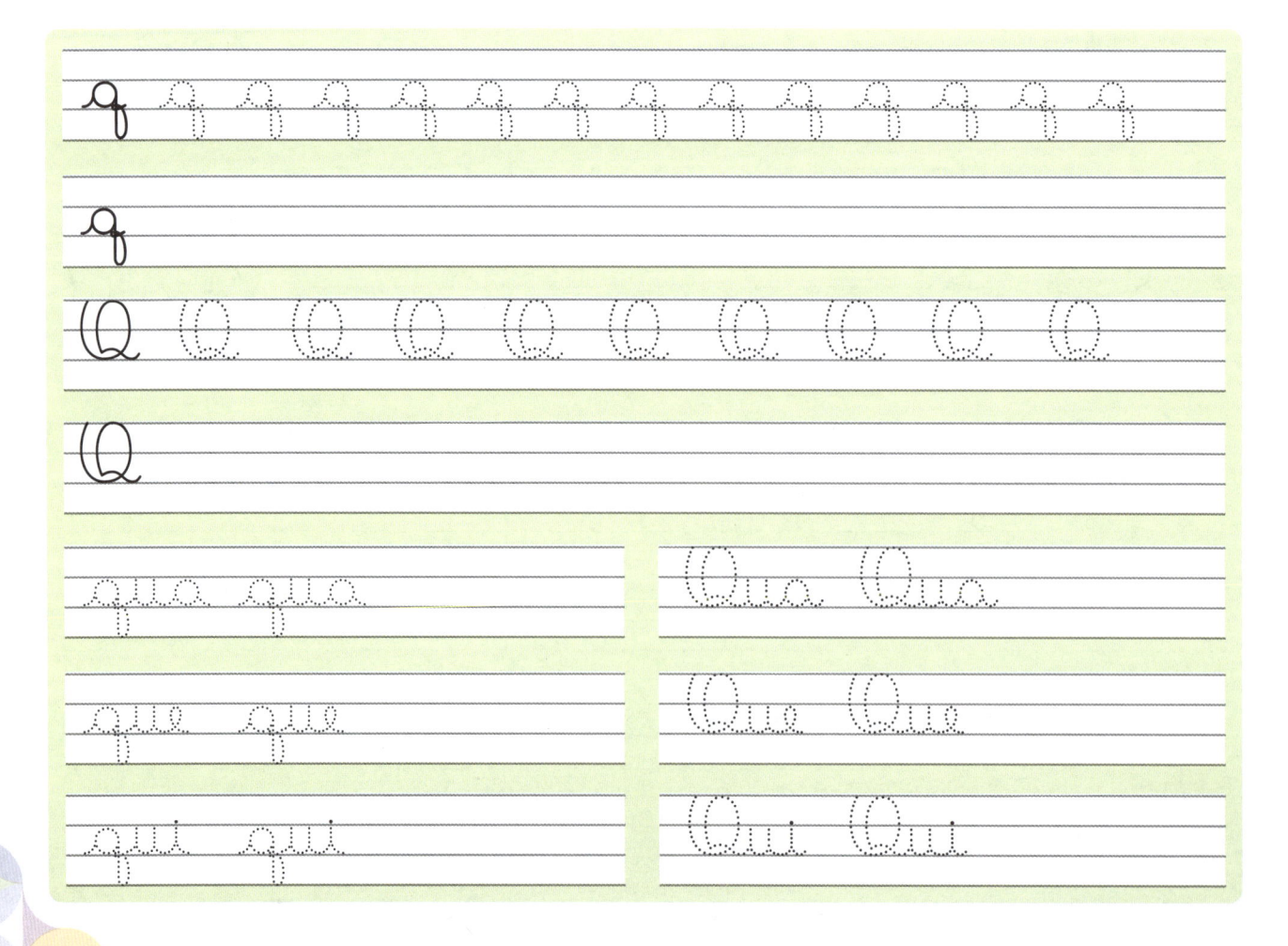

qua qua   Qua Qua

que que   Que Que

qui qui   Qui Qui

42

A QUERMESSE DA NINOCA
ESTAVA MUITO ANIMADA.
TINHA QUINDIM, MILHO E PIPOCA
E UMA QUADRILHA ENGRAÇADA.

que que   *Que Que*

queijo   *Quica*

quadro   *quati*

Joaquim dançou quadrilha

na quermesse.

● CUBRA E COPIE.

TODO RATO TEM RABO LONGO.
TODO RATO TEM FARO ESPERTO.
TODO RATO CURTE ESCURO E LAMBE RESTOS.
TODO RATO DEIXA RASTROS.
TODO RATO TRAI E MENTE.
TODO RATO ASSUSTA A GENTE.
TODO RATO ANDA EM BANDO.
SÃO OS RATOS, SÃO OS RATOS
SÃO OS RATOS BEM MALANDROS.
[...]

PAULO TATIT E EDITH DERDYK

raquete

Renata

retrato

roupa

Todo rato tem rabo longo.

CUBRA E COPIE.

MARCHA, SOLDADO,
CABEÇA DE PAPEL.
QUEM NÃO MARCHAR DIREITO
VAI PRESO PRO QUARTEL.

QUARTEL PEGOU FOGO,
FRANCISCO DEU SINAL.
ACODE, ACODE, ACODE
A BANDEIRA NACIONAL.

FOLCLORE

sapo sopa

sapato Sandra

O soldado marchou no desfile.

◗ CUBRA E COPIE.

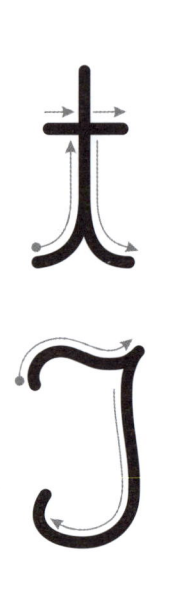

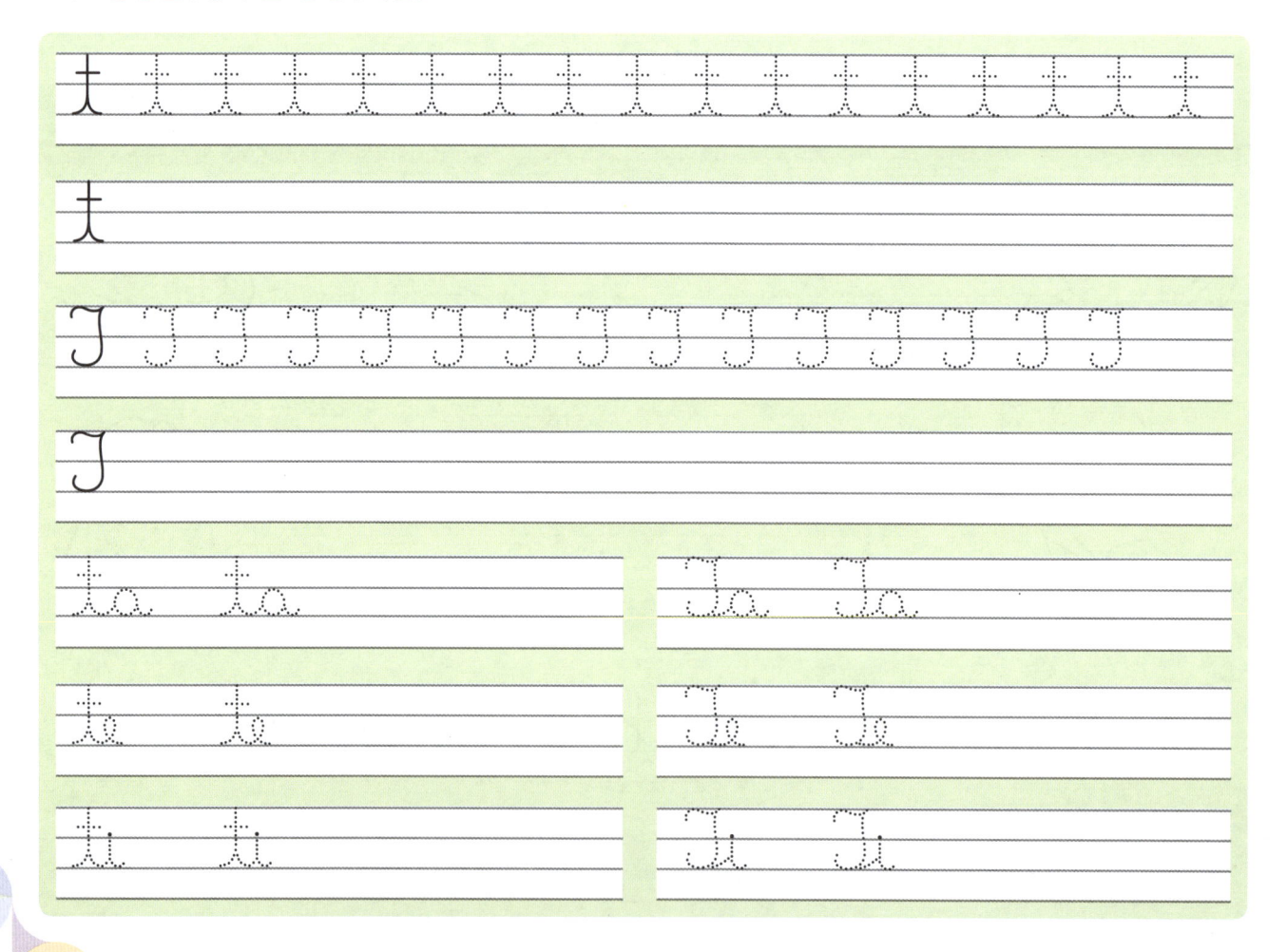

48

TIÉ, TIÉ, TIÉ.
VERMELHA BELEZA,
FASCINANTE,
NA MEDIDA EXATA.

TIÉ, TIÉ, TIÉ.
SANGUE QUE VOA
NAS VEIAS
DA MATA.

LALAU E LAURABEATRIZ

ta ta
tu tu

Ta Ta
Tu Tu

tartaruga

Taís

tigela

toalha

O tié-sangue é um pássaro vermelho.

UMBIGO É A CICATRIZ ARREDONDADA QUE FICA NO MEIO DA BARRIGA E FOI DEIXADA PELA QUEDA DO CORDÃO UMBILICAL.

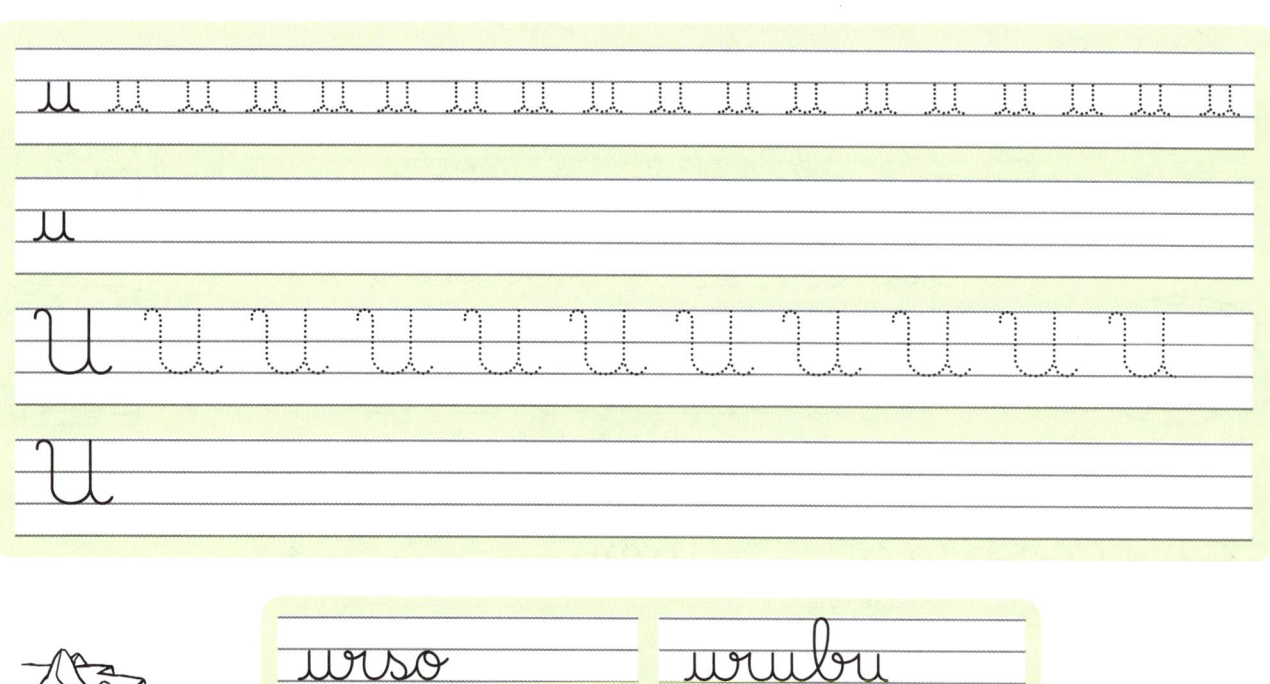

CUBRA E COPIE.

urso   urubu

BRINCANDO COM AS PALAVRAS

COMPLETE AS PALAVRAS CRUZADAS.

CUBRA E COPIE.

52

ANJO COM ASINHA
MESA DE MASSINHA
OVO DE GALINHA
NA CASA DO VOVÔ

CESTA DE TRANQUEIRA
BANHO DE BANHEIRA
TANQUE DE AREIA
NA CASA DA VOVÓ

PAULO TATIT

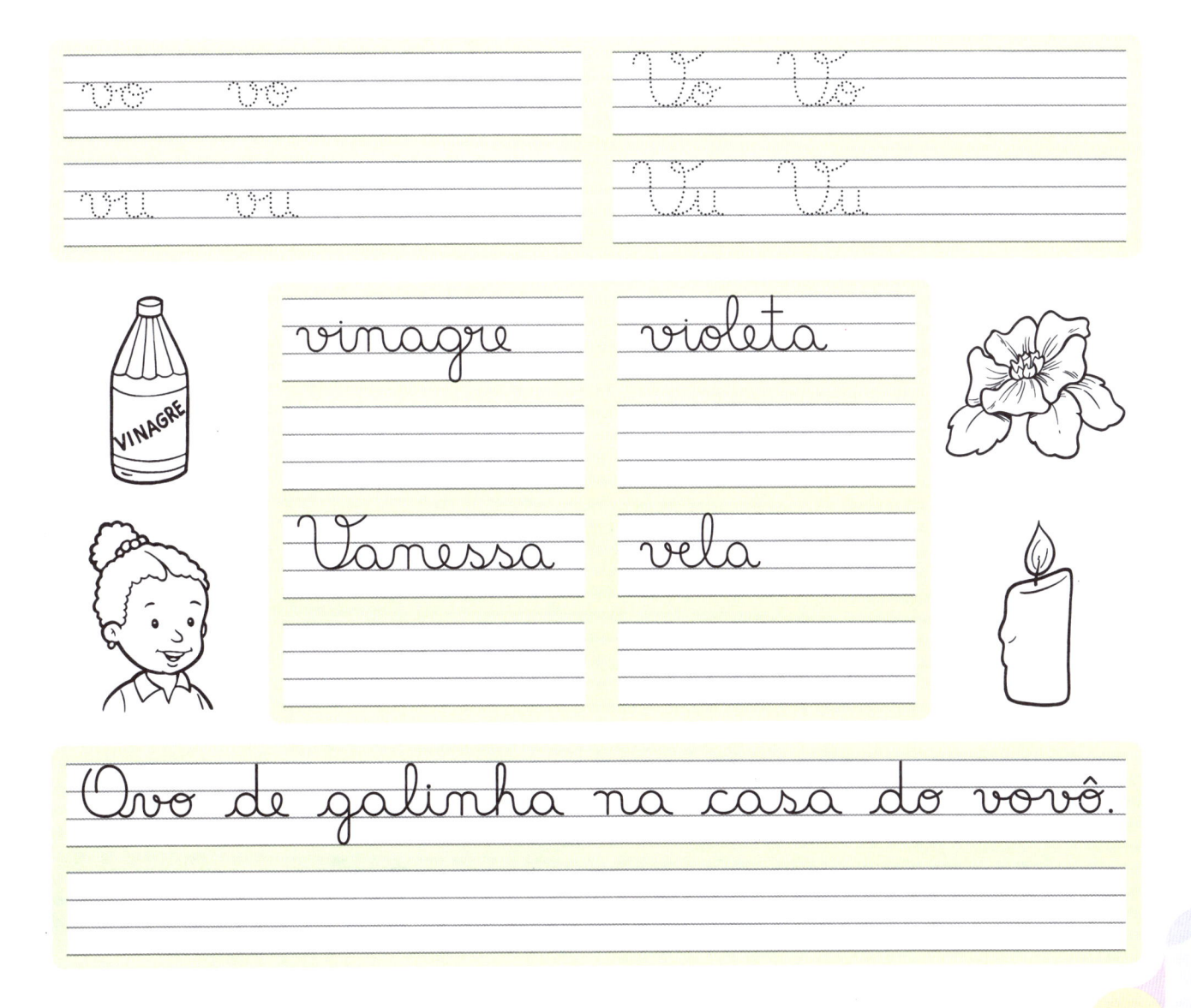

vinagre   *violeta*

Vanessa   *vela*

Ovo de galinha na casa do vovô.

WINDSURFE É UM ESPORTE EM QUE A PESSOA SE DESLOCA NA ÁGUA USANDO UMA PRANCHA COM VELA.

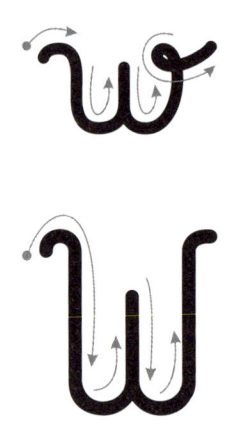

● CUBRA E COPIE.

w w w

W W W

wi-fi   waffle   Wagner

Wanderley pratica windsurfe.

BRINCANDO COM AS PALAVRAS

> LIGUE A FIGURA AO NOME DELA.

DROMEDÁRIO

MOSQUITO

PINGUIM

ILHA

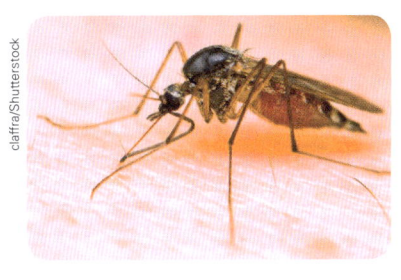

CARAMBOLA

> AGORA, FAÇA UMA FRASE USANDO UM DESSES NOMES.

CUBRA E COPIE.

AGORA VOCÊS ME DIGAM:
QUEM CONHECE A LAGARTIXA
QUE SONHA, NOITE ALTA,
COM CASTELOS DE AMETISTA?

ELA SONHA COM O CALANGO,
PRÍNCIPE GENOVÊS,
QUE CAVALGA UM CAVALO
DE UM JOGO DE XADREZ.

CAVALO DÁ XEQUE-MATE?
CALANGO É O NOVO REI?
VAMOS, RESPONDAM LOGO,
SE NÃO SABEM, NEM EU SEI!

SÉRGIO CAPPARELLI

x x

xa xa

Xo Xo

Xu Xu

peixe

xadrez

xale

Xênia

A lagartixa estava debaixo

do xale roxo.

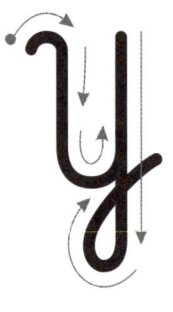

– YOKO, QUAL É O SEGREDO DO SEU YAKISOBA?
– YAKISOBA EU FAÇO ASSIM:
CARNE, LEGUMES,
MACARRÃO E TEMPEROS.
SIGO A ORDEM E
AGUARDO O TEMPO.
ESTÁ PRONTO!
VAMOS COMER?

CUBRA E COPIE.

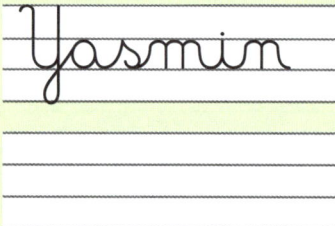

Yasmin   Mary

Yoko preparou yakisoba

para o jantar.

BRINCANDO COM AS PALAVRAS

- UM DESTES NOMES É A RESPOSTA DA ADIVINHA QUE VOCÊ VAI LER NO FINAL DA PÁGINA.

		G					

	U					

		M		

H								

S						

	N		

- AGORA LEIA A ADIVINHA E ESCREVA A RESPOSTA.

BURACO SEM SERVENTIA,
NÃO EXISTE QUEM NÃO TEM,
HOMEM TEM, MULHER TEM,
VELHO E CRIANÇA TAMBÉM.
O QUE É?

DOMÍNIO POPULAR

59

Curly Pat/Shutterstock

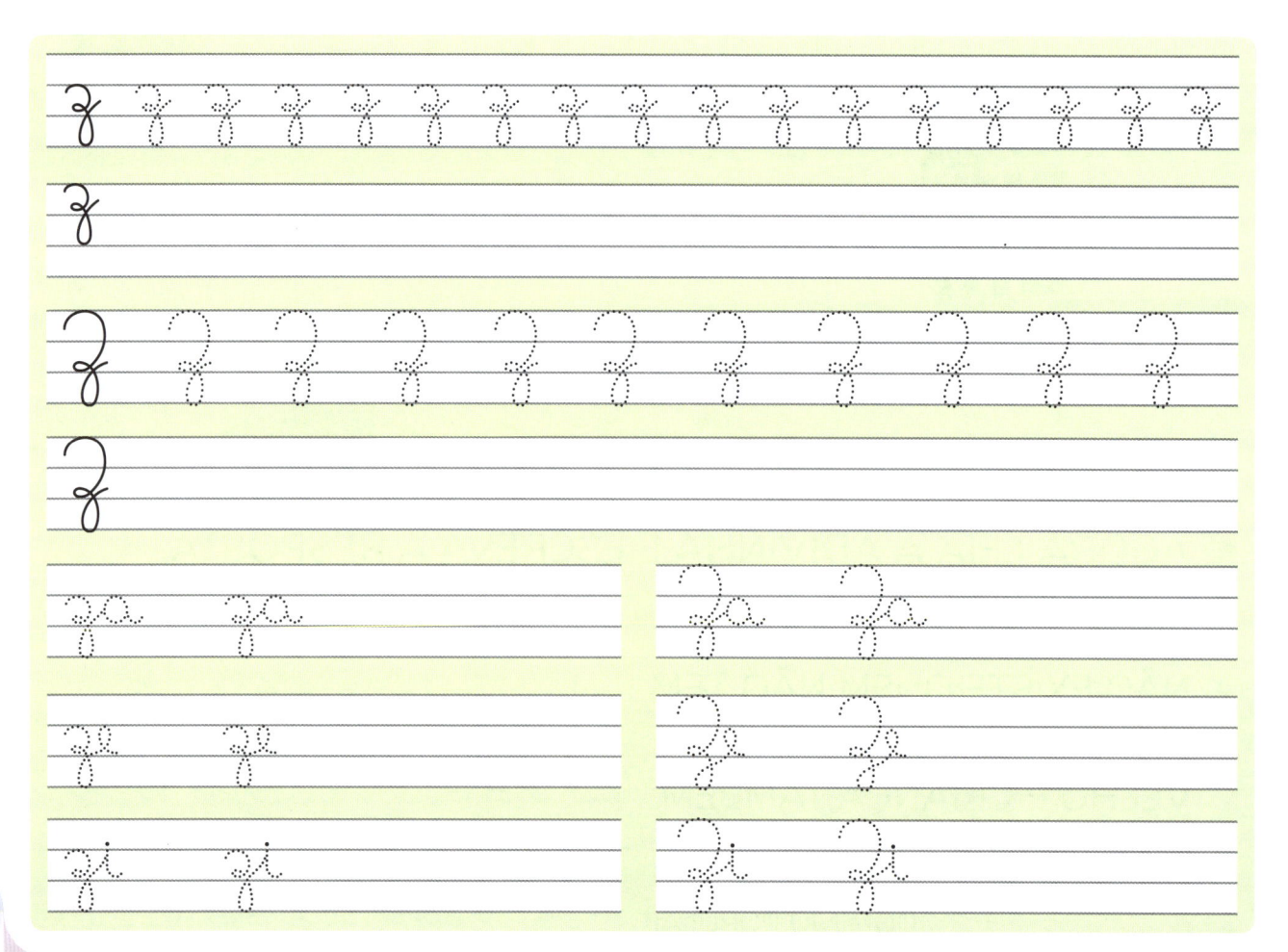

● CUBRA E COPIE.

O ZIGUE E O ZAGUE
NÃO SABIAM A DIREÇÃO.

É POR AQUI?
POR AQUI, NÃO!

E SUMIRAM NO HORIZONTE,
SEM CHEGAR À CONCLUSÃO!

SÉRGIO CAPPARELLI

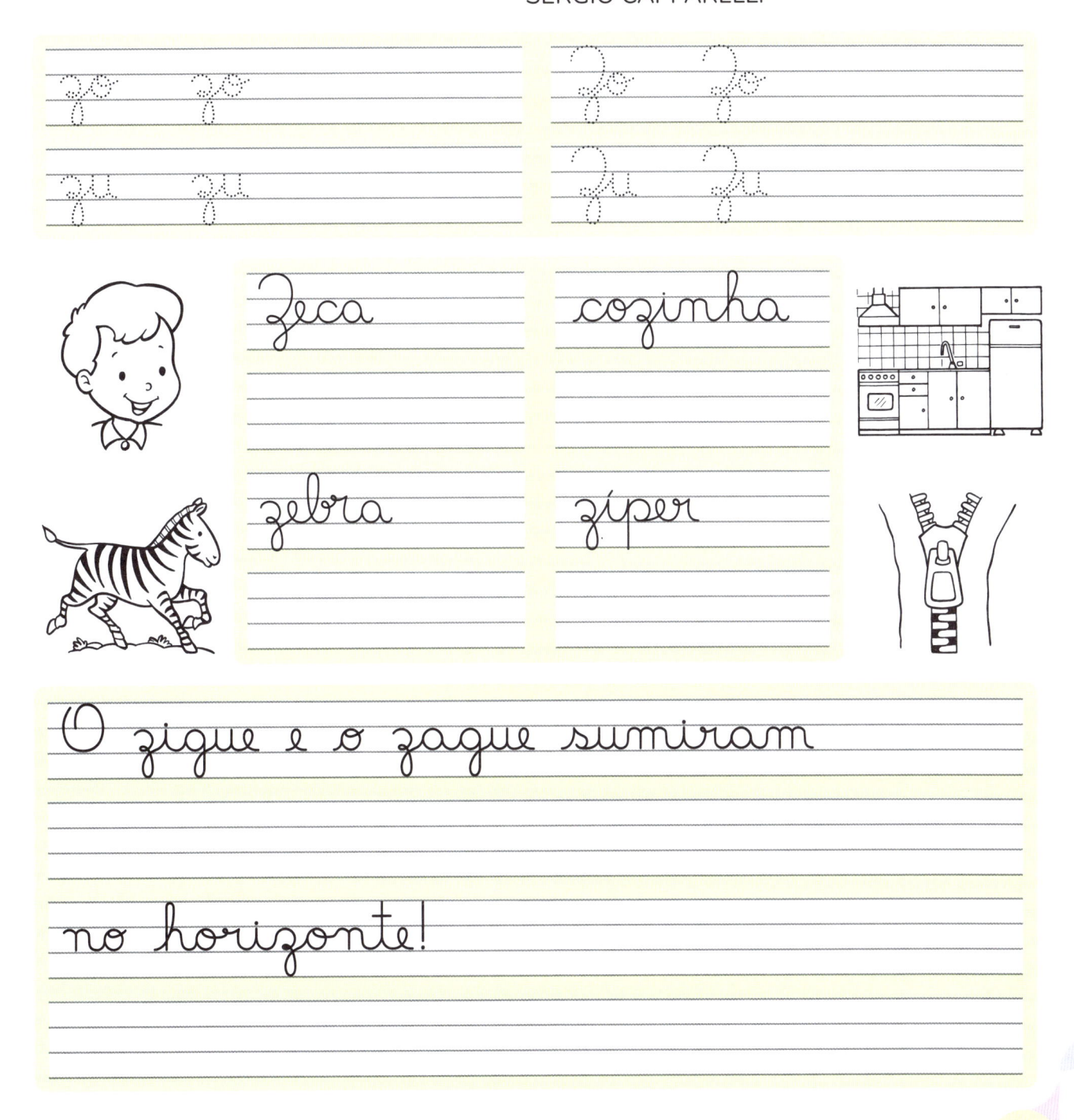

Zeca

cozinha

zebra

zíper

O zigue e o zague sumiram

no horizonte!

NUMERAIS

UM, DOIS,
FEIJÃO COM ARROZ.
TRÊS, QUATRO,
FEIJÃO NO PRATO.
CINCO, SEIS,
FALAR INGLÊS.

SETE, OITO,
COMER BISCOITO.
NOVE, DEZ,
COMER PASTÉIS.

FOLCLORE

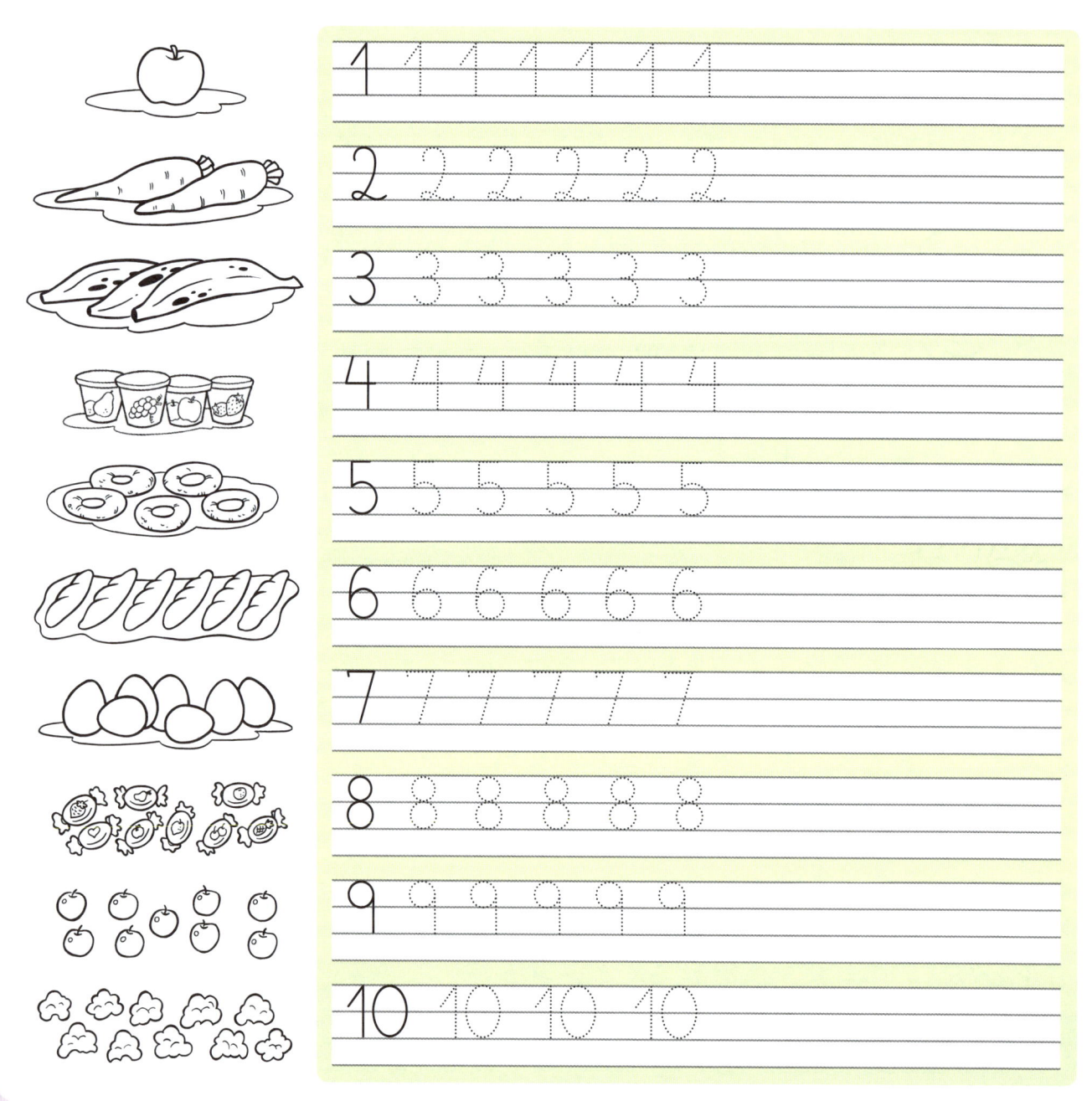

● CUBRA E COPIE.

BRINCANDO COM AS PALAVRAS

VOCÊ JÁ SABE CONTAR E TAMBÉM JÁ SABE ESCREVER!

CONTE QUANTAS SÃO AS FIGURAS EM CADA LINHA. DEPOIS, ESCREVA OS NUMERAIS CORRESPONDENTES E O NOME DELES.

BIBLIOGRAFIA

CAPPARELLI, Sérgio. *111 poemas para crianças*. Porto Alegre: L&PM, 2007.

CASSIANO RICARDO. *Martim Cererê*. Rio de Janeiro: José Olympio, 2003.

DUARTE, Marcelo. *Guia dos curiosos*. São Paulo: Cia. das Letras, 2001.

JOSÉ, Elias. *Poesia é fruta doce e gostosa*. São Paulo: FTD, 2006.

LALAU; LAURABEATRIZ. Tié-sangue. In: *Boniteza silvestre*: poesia para os animais ameaçados pelo homem. São Paulo: Peirópolis, 2007.

ROLIM, Zalina. *O livro das crianças*. Boston: C. F. Hammett, 1897. Disponível em: <https://pt.scribd.com/document/349841364/Livro-das-criancas-pdf>. Acesso em: 12 jan. 2019.

TATIT, Paulo. *Na casa do vovô e da vovó*. Disponível em: <www.youtube.com/watch?v=HSATbhGz_hE>. Acesso em: 9 jan. 2019.

_____; DERDYK, Edith. *Rato*. Disponível em: <http://palavracantada.com.br/musica/rato/>. Acesso em: 7 jan. 2019.

VILLELA, Bia. *Era uma vez um gato xadrez...*. São Paulo: Escala Educacional, 2006. Disponível em: <https://pt.slideshare.net/saudaderoxo/era-uma-vez-um-gato-xadrez-41323775>. Acesso em: 15 mar. 2019.